BSC. OEC. TROPH. SARINA HUNKEL

111 High-Fiber-Rezepte

Mit Pflanzenfasern vor chronischen Krankheiten schützen, Verdauung und Blutzucker regulieren, schlank bleiben

Die Heilkraft der ballaststoffreichen Ernährung

humboldt

VORWORT

Liebe Leserin, lieber Leser,

vor ein paar Tagen habe ich diese Sätze von Sadhguru, einem berühmten Yogi der heutigen Zeit, gelesen: „Angenommen, du isst heute Nachmittag eine Banane. Am Abend ist diese Banane bereits zu dir geworden." Das klingt zunächst bizarr, das gebe ich zu. Doch lass diesen Gedanken einmal kurz auf dich wirken. Als Ökotrophologin könnte ich nun tief in die Materie der Stoffwechselmaschinerie vordringen und Haken suchen. Nur, um am Ende doch zu sagen: Der Mann hat recht!

Dass ich diesen Gedanken hier an den Anfang stelle, hat einen einfachen Grund. Ich möchte dir zeigen, wie simpel es sein kann, Verantwortung für dich und deinen Körper zu übernehmen. Im Yoga sprechen wir beim physischen Körper sogar vom Nahrungskörper Annamaya Kosha, weil der nun mal aus dem besteht, was du isst. Durch deine Ernährung und durch dein Essverhalten kannst du eine Menge bewirken. Das Sprichwort „Du bist, was du isst" bekommt dadurch eine ganz neue Dimension, oder?

Vielleicht wurdest du durch eine chronische Krankheit oder Übergewicht gezwungen, auf deine Ernährung zu achten. Oder Essen macht dir keine rechte Freude, weil du unter chronischer Verstopfung oder einem Reizdarm leidest. Vielleicht zwingt dich auch dein niedriger Blutzucker nach dem Essen zum Liegen, weil du sonst schlicht vor Schwindel umkippen würdest. Oder du bist gesund, hast aber das Bedürfnis, deinen Körper besser zu verstehen und wohlwollend mit ihm umzugehen. So hart das klingen mag, so sehr kann es dich ermutigen: Viele chronische Krankheiten sind hausgemacht. Das bedeutet, dass du dein Haus, sprich deinen Körper, auch selbst wieder herstellen oder so gestalten kannst, dass du dich darin wohlfühlst.

Dieses Buch erklärt dir, welchen Wert Pflanzenfasern für deinen Körper haben und wie du sie so in deine Ernährung integrierst, dass sie dir von Nutzen sind.

Zu Beginn habe ich versucht, anhand biochemischer Prozesse zu zeigen, wieso du (so gut) auf Ballaststoffe reagierst. Du wirst lesen, wie Hunger und Appetit entstehen und welchen enormen Einfluss du durch Ballaststoffe auf diese Vorgänge hast. Du wirst verstehen, wieso Ballaststoffe deinen Blutzuckerspiegel senken und deine Verdauung ankurbeln. Und wieso du automatisch mehr sinnvolle Nährstoffe zu dir nimmst, wenn du auf Ballaststoffe setzt. Ich werde Wissen mit dir teilen, das ich aus Büchern, aus der Naturwissenschaft und aus Studien zusammengesammelt habe, und solches, das ich aus eigenen Erfahrungen und aus der Philosophie des Yoga mitbringe. Die vielen Rezepte ermöglichen es dir schließlich, Genuss neu zu entdecken.

Mit dem Wissen über deine Ernährung kannst du bewusst Entscheidungen für dich und deinen Körper treffen und schließlich Verantwortung für dich übernehmen. Dieses Verstehen ist der erste wichtige Schritt. Der zweite Schritt, der in meinen Augen noch wesentlichere, wird prompt folgen: Du wirst deinen guten Einfluss unmittelbar spüren.

Deine

Sarina Hunkel

WAS DU ÜBER BALLASTSTOFFE WISSEN MUSST

Ballaststoffe sind alles andere als unnützer Ballast. Sie halten lange satt, machen schlank, stärken unsere Abwehrkräfte – unser Darm liebt und braucht sie. Für eine gesunde Ernährung sind sie unverzichtbar.

Ballaststoffe – Zucker mit Heiligenschein

Ballaststoffe sind der schönste Beweis dafür, dass die Welt nicht schwarz und weiß ist. Tatsächlich erstrahlt ein ganzes Farbspektrum dazwischen. Aber fangen wir von vorne an: Ballaststoffe zählen zu den Kohlenhydraten. Und Kohlenhydrate sind, wie wir wissen, seit Jahren verpönt. Dick sollen sie uns machen, faul und dumm. Der Begriff *Ballast* unterstreicht das angekratzte Image womöglich noch, weil wir mit ihm etwas Unnützes, etwas Überflüssiges verbinden. Ein Zuviel, das wir loswerden möchten. Wer belastet sich schon gerne?

Ihr Name stammt aus einer Zeit, in der Ballaststoffe tatsächlich als unbrauchbar für den Körper galten. Damals standen Lebensmittel im Fokus, die hauptsächlich Energie und Nährstoffe lieferten. Heute weiß man mehr über die Ballaststoffe, auch um ihre Bandbreite und darüber, wie sie wirken (siehe Kapitel „Wie Ballaststoffe wirken“, Seite 17).

Ballaststoffe sind gut – man könnte sie sogar als Helden unter den Kohlenhydraten bezeichnen.

So viel kann ich schon mal verraten: Ballaststoffe sind gut. Man könnte sich sogar so weit aus dem Fenster lehnen und sie als die Helden unter den vermeintlichen Bösewichten bezeichnen, als Zucker mit Heiligenschein. Anstatt uns dick zu machen, machen Ballaststoffe schlank und satt, und sie haben kaum Kalorien – um zwei Vorzüge von vielen zu nennen.

Großmutter ging es meist um die Vitamine, wenn sie uns beim Apfelessen ermahnte, die Schale dran zu lassen. Aber genau dort finden wir auch unsere Ballaststoffe. Ihre Aufgabe ist es nämlich, Pflanzen Struktur zu verleihen, Biegsamkeit und Stabilität. Meistens haben Ballaststoffe eine faserige Beschaffenheit, weswegen sie auch als Faserstoffe oder im Englischen als „fibers“ bezeichnet werden.

Aufbau: Der feine Unterschied

Chemisch betrachtet sind Ballaststoffe unverdauliche oder teilweise unverdauliche Kohlenhydrate (siehe Seite 31). Unterschieden werden sie in lösliche und unlösliche Ballaststoffe. Beide wandern beinahe unberührt durch unser Verdauungssystem, wobei die löslichen Ballaststoffe im Dickdarm fermentiert und teilweise verdaulich gemacht werden. Kohlenhydrate sind eben nicht gleich Kohlenhydrate.

Um die unverdauliche Eigenschaft von Ballaststoffen zu verstehen, vergleichen wir einen häufigen Ballaststoff, die Zellulose, und einen typischen Zucker, die Stärke. Beide Stoffe bestehen nahezu aus den gleichen Bausteinen. Diese Bausteine heißen Einfachzucker, genauer handelt es sich um Glukose-Einheiten.

Tipp: Gruseln dich chemische Fakten, dann lies zuerst das Kapitel „Wie Nahrung wirkt" auf Seite 30 und komm danach hierher zurück. Du wirst die Materie womöglich mit anderen Augen sehen.

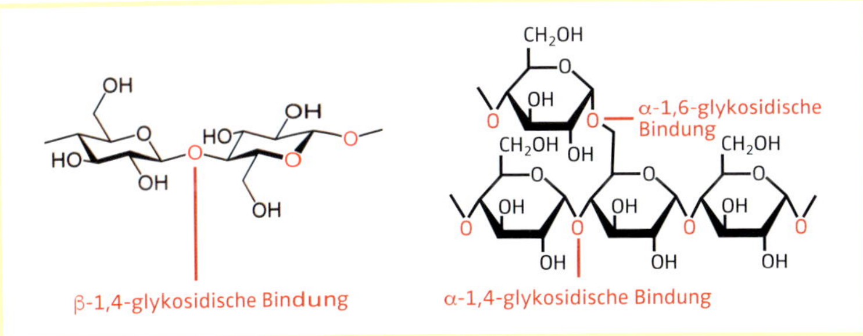

Links der chemische Aufbau von Ballaststoffen (Zellulose), rechts der von Zucker (Stärke)

Den Unterschied zwischen beiden Stoffen erkennen wir in ihrer Struktur. Die Bausteine werden bei Zellulose durch Beta-1,4-Bindungen verknüpft, bei Stärke durch Alpha-Verbindungen. Um das zu verbildlichen, stelle dir einfach eine Perlenkette vor. Bei der Stärke-Kette werden die Perlen mit einem Faden verknüpft, bei der Zellulose-Kette werden sie mit Draht verbunden.

Die Ketten unterscheiden sich zunächst marginal: Eine Kohlenwasserstoff-Einheit im Glukosemolekül zeigt bei Beta nach oben, bei Alpha nach unten. Setzt man nun die Bausteine aneinander, kommt ihr Unterschied ans Licht: Stärke bildet eine spiral-

Enzyme sind Eiweiße, die als Biokatalysator biochemische Reaktionen im Organismus steuern und beschleunigen.

förmige Struktur, Zellulose sieht aus wie eine lange Kette. Die drahtige Kette gibt ihr die Struktur einer Faser.

Und jetzt aufgepasst! Wir besitzen ein Enzym, das die Verbindungen in der Stärke spalten kann, aber keines, das die der Zellulose spaltet. Oder anders: Stellt man sich vor, ein Enzym sei eine Nagelschere, so lässt sich der Faden in der Stärke-Kette problemlos durchschneiden und die Kette zerfällt in einzelne Perlen. Der Draht in der Zellulose-Kette hingegen ist widerspenstig und löst sich nicht. Die Kette bleibt stabil.

Übersicht: Ballaststoffe und ihre Eigenschaften

Pektine Löslich; sind häufig Teile der Zellwand; kommen überwiegend in Früchten vor, vor allem in Quitten, Äpfeln, Blaubeeren und Zitrusschalen; machen den größten Teil der mit der Nahrung aufgenommenen Ballaststoffe aus.

Nice to know: Pektin kann mit Wasser Gelee bilden. So gelang das Marmeladekochen schon, bevor es Gelierzucker gab, und zwar besonders gut mit Früchten mit hohem Pektingehalt – und etwas mehr Geduld.

Beta-Glucane Löslich; sind ähnlich aufgebaut wie Zellulosen; stecken in Hafer, Pilzen, Gerste und Hefe.

Schleimstoffe Löslich; kommen vor allem in Samen wie Lein-, Chia- und Flohsamen vor.

Inulin Löslich; enthalten in Zwiebeln, Chicorée, Artischocken, Schwarzwurzeln.

Hemizellulosen Unlöslich; stecken in Zellwänden; vor allem in Weizen und Roggen, aber auch in Hülsenfrüchten und Blatt- und Wurzelgemüse zu finden.

Zellulose Unlöslich; ist Teil der Zellwand; ist Bestandteil von Holzfasern, Getreide, Obst und Gemüse; besteht hauptsächlich aus Glukose (Traubenzucker) so wie auch Stärke. In der chemischen Struktur weist Zellulose jedoch andere Bindungen auf, sogenannte Beta-1,4-Bindungen, wodurch lange gerade Ketten entstehen, weshalb sie als Faserstoff dient. Stärke zeigt eine spiralförmige Struktur und kann verdaut werden.

Nice to know I: Die meisten Säugetiere haben nur eine sehr begrenzte Fähigkeit, Ballaststoffe wie Zellulose zu verdauen. Und was ist mit Kühen? Die horten Bakterien im Verdauungstrakt, die die Verbindungen knacken, sodass etwa Stroh für die Wiederkäuer bis zu einem gewissen Grad nutzbar wird.

Nice to know II: Synthetisch hergestellte Zellulose ist auf Lebensmittelverpackungen unter der Zulassungsnummer E460 gekennzeichnet und wird zum Verdicken, Füllen, Trennen oder Stabilisieren von Lebensmitteln eingesetzt.

Lignin Unlöslich; trägt auch den Namen „Holzstoff"; kommt in harten Pflanzenteilen vor, z. B. in Kernen oder Samenschalen.

Nice to know: Lignine sind keine Kohlenhydrate, sondern Alkoholpolymere.

Chitin Unlöslich; steckt in einigen Pilzen und Panzern von Krebstieren und Insekten.

Sonderstellung: Präbiotika

Um als Ballaststoff zu gelten, braucht es in der Regel mindestens zehn Zuckerbausteine. Nun haben Präbiotika, die ebenfalls Kohlenhydrate sind, nur drei bis neun. Präbiotika, wie z. B. Polyfructane und Oligosaccharide, können nicht durch die Verdauungsenzyme gespalten werden, sondern gelangen, wie Ballaststoffe, direkt in den Dickdarm, wo sie von Darmbakterien fermentiert werden. Es entstehen kurzkettige Fettsäuren, die der Gesundheit förderlich sind. Hülsenfrüchte, Getreide, Pilze, Kohlgemüse, Zwiebeln und Knollen enthalten Präbiotika.

Wirkung: Wobei helfen Ballaststoffe?

Obwohl Ballaststoffe praktisch keine Energie liefern, sind sie unverzichtbar für unsere Gesundheit. Wie sie wirken und wieso sie einen so positiven Einfluss auf unsere Körpermechanismen haben, erfährst du auf den folgenden Seiten.

Sie machen schlank

Gute Neuigkeiten: Ballaststoffe sind echte Leichtgewichte! Da einige von ihnen im Dickdarm mittels Fermentation Energie liefern, wird ihnen pauschal ein Nährwert von zwei Kalorien pro Gramm zugeordnet. Zum Vergleich: Kohlenhydrate haben vier und Fette sieben Kalorien pro Gramm.

Wenn du nun bedenkst, dass Ballaststoffe in der Praxis nicht allein daherkommen, sondern kombiniert mit anderen Nährstoffen, bedeutet das für ein Lebensmittel: Je höher sein Anteil an Ballaststoffen im Verhältnis zu Fett, Kohlenhydraten oder Eiweiß ist, desto weniger Kalorien besitzt es. Ebenso enthalten ballaststoffreiche Lebensmittel verhältnismäßig viele essenzielle Nährstoffe.

Sie halten satt

Ballaststoffe quellen im Magen auf und machen daher schneller und halten länger satt.

Weil Ballaststoffe Wasser binden und aufquellen, füllen sie den Magen schneller und verzögern die Magenentleerung. Daneben sorgen sie dafür, dass der Blutzuckerspiegel nach dem Essen nicht zu schnell ansteigt, wodurch das Sättigungsgefühl länger anhält und Heißhunger vermieden werden kann. Ebenso entstehen beim Abbau kurzkettige Fettsäuren, die dem Gehirn signalisieren, dass wir satt sind. Mehr zu dem Thema findest du auf Seite 17.

Sie helfen zu verdauen

Im Dickdarm angekommen, können Ballaststoffe unser Stuhlgewicht erhöhen und die Stuhlkonsistenz weicher machen, was insbesondere bei Verstopfung ein gewünschter Effekt ist. Ein Nachteil: Ballaststoffe können eine erhöhte Gasbildung auslösen, insbesondere dann, wenn ihre Aufnahme abrupt gesteigert wird.

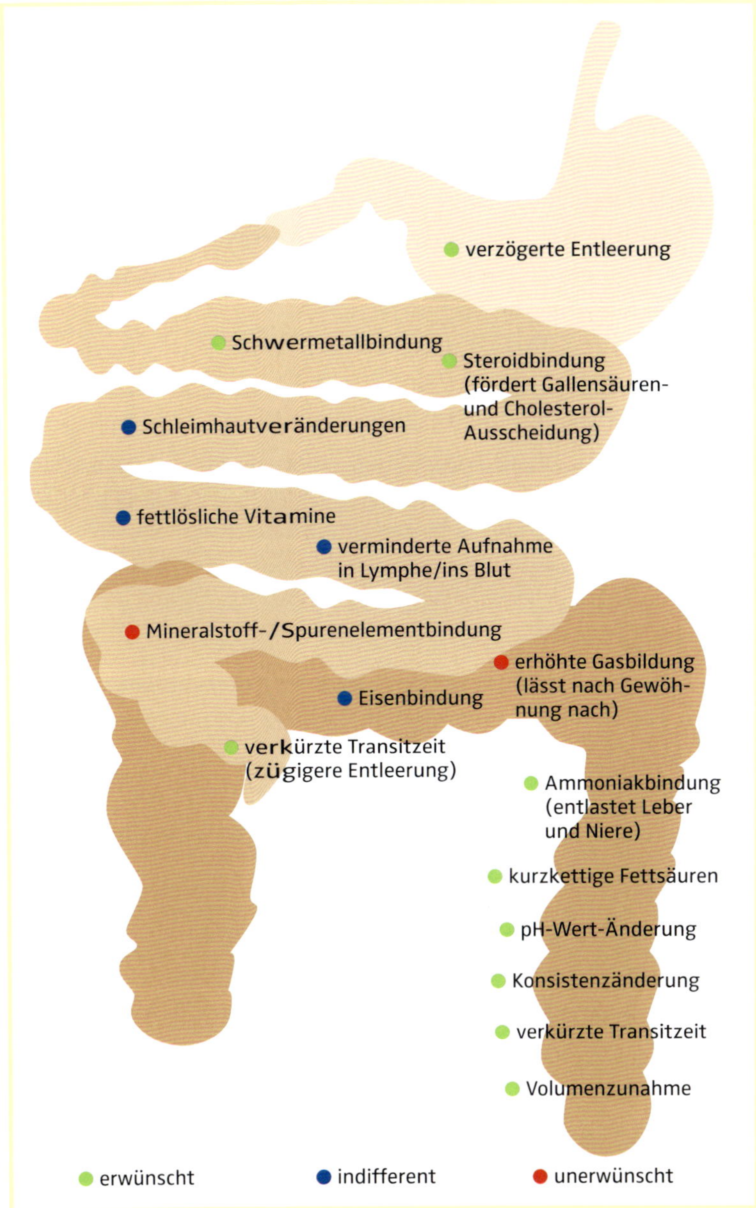

Die Wirkung von Ballaststoffen auf Magen und Darm

Es ist daher ratsam, sich langsam an Ballaststoffe zu gewöhnen und nach und nach die Menge zu erhöhen.

Sie füttern die Darmflora

Darmflora und Darmmikrobiom bezeichnen ein und dasselbe: die Gemeinschaft der Milliarden von Mikroorganismen, die im Darm leben.

Unser Körper besitzt bis zu doppelt so viele Mikroorganismen wie eigene Zellen, die meisten davon leben in unserem Dickdarm. In ihrer Zusammensetzung unterscheiden sie sich von Mensch zu Mensch, und sie können durch die Ernährung beeinflusst werden.

Eine ballaststoffreiche Nahrung mit einem hohen Anteil an unverarbeiteten Lebensmitteln erhöht den Artenreichtum dieser Bakterien[1]. Insbesondere die günstigen Mikroorganismen sollen sich vermehren, etwa Lactobazillen oder Bifidobakterien, welche B-Vitamine produzieren. Ebenso sollen komplexe Kohlenhydrate schädliche Organismen abbauen, die etwa durch tierische Fette in unser System gelangen können.

Sie schützen uns

Beim Abbau von fermentierbaren Ballaststoffen im Darm entstehen kurzkettige Fettsäuren, die den pH-Wert vor Ort senken. Auf diese Weise schaffen sie eine Umgebung, in der krankheitserregende Keime es schwer haben zu überleben. Damit wird mitunter die Darmbarriere geschützt, sodass schädliche Stoffe nicht in den Körper gelangen können.

Bedarf: Wie viele Ballaststoffe brauche ich?

Die Deutsche Gesellschaft für Ernährung (DGE) sowie die Weltgesundheitsorganisation (WHO) legen den Richtwert für die tägliche Ballaststoffzufuhr bei minimal 30 Gramm fest, oder bei 12,5 Gramm pro 1.000 Kalorien.[1] In Deutschland erreichen diesen Wert nur etwa 25 Prozent der Frauen und 32 Prozent der Männer,[4] wobei Männer mit im Schnitt 25 Gramm und Frauen mit 23 Gramm nicht allzu weit darunter liegen.[3]

Die Lebensmittelhersteller haben mitbekommen, dass Ballaststoffe sehr gesund sind, folglich werden sie Bonbons, Joghurt oder sogar Brot künstlich zugesetzt. Dabei ist nicht einmal belegt, dass die Zugabe eines einzelnen, hochdosierten künstlichen Ballaststoffs wirklich zu erhöhter Vitalität führt.[2]

Die sinnvolle und obendrein kostengünstige Alternative zu diesem sogenannten Functional Food: Möglichst pure Lebensmittel, genauer gesagt Pflanzen, und zwar solche, die von Natur viele Ballaststoffe mitbringen. Ob Körner, Saaten, Gemüse, Obst, Hülsenfrüchte, Pilze oder Nüsse: Je bunter die Mischung, desto bunter die Darmflora.

Tierische Lebensmittel enthalten praktisch keine Ballaststoffe. Eine Ausnahme: In Schalentieren taucht der Ballaststoff Chitin auf.

Vorkommen: Worin finde ich Ballaststoffe?

Ganz einfach: in pflanzlichen Lebensmitteln. Wobei sie hier in unterschiedlichen Kombinationen und Mengen vorkommen. Solltest du in Übersichtstabellen also unterschiedliche Werte finden, liegt das an unterschiedlichen Analyseverfahren, aber auch daran, dass zum Beispiel Obst und Gemüse Pektin und Inulin abbauen, wenn sie lagern.

Faustregeln für eine ballaststoffreiche Ernährung

- Ein Lebensmittel ist dann ballaststoffreich, wenn es 6 Gramm Ballaststoffe pro 100 Gramm oder 3 Gramm Ballaststoffe pro 100 Kilokalorien enthält.
- Greife zu pflanzlichen Lebensmitteln.
- Wähle bei Getreide immer die Vollkornvariante.
- Iss Obst und Gemüse möglichst mit Schale.
- Setze auf Hülsenfrüchte.
- Verwende Mehle mit niedrigem Mahlgrad, z. B. Type 1600.

Lebensmittel mit dem höchsten Ballaststoffgehalt

LEBENSMITTEL	g/100 g	LEBENSMITTEL	g/100 g
Weizenkleie	45	Roggenvollkornmehl	14
Leinsamen	38,5	Birne, getrocknet	13,5
Chiasamen	34,5	Topinambur	12
Kokosraspel	24	Erdnusskerne	11,5
Weiße Bohnen	23	Erdnusskerne	11,5
Sojafleisch und -bohnen	22	Vollkornweizenmehl	11,5
Pflaumen, getrocknet	19	Pfirsich, getrocknet	11,5
Schwarzwurzeln	18	Macadamianüsse	11,5
Kleieflocken	18	Sesamsamen	11
Aprikose, getrocknet	17	Artischocke	11
Linsen	17	Apfel, getrocknet	11
Erbsen	16,5	Pistazienkerne	10,5
Kichererbsen	15,5	Amaranth	10
Früchtebrot	14	Vollkornhaferflocken	10
Knäckebrot	14	Mais	10

Wie Ballaststoffe wirken

Ärzte und Ernährungswissenschaftlerinnen sind sich einig: Mit einer ballaststoffreichen Ernährung lassen sich viele Krankheiten kurieren oder würden erst gar nicht entstehen. Verantwortlich dafür ist der Sättigungseffekt von Ballaststoffen – und ihre positive Wirkung auf unsere Darmflora.

Hunger und Sättigung: Wie Ballaststoffe helfen, weniger zu essen

Sättigung ist ein sensibles Thema. Oft kommt sie zu spät, weil wir schnell gegessen haben. Und wenn es uns besonders gut schmeckt, kommt sie zumindest gefühlt womöglich zu früh. Manche Menschen spüren gar keine Sättigung, da bei ihnen natürliche Mechanismen ausgehebelt sind. Das passiert insbesondere dann, wenn ein starkes Übergewicht besteht.

Nun ist es ja so, dass wir meist aufhören zu essen, sobald wir satt sind. Im Umkehrschluss bedeutet das, dass wir weniger essen, je früher die Sättigung eintritt: Langfristig nehmen wir damit ab oder halten unser Körpergewicht. Wollen wir also abspecken, braucht es einen Faktor, der die Sättigung beschleunigt, und da sind Ballaststoffe die beste Wahl. Die Wirkung der Ballaststoffe findet auf mehreren Ebenen der Sättigung statt. Ich möchte dir gerne den spannenden Prozess dahinter erläutern, denn das Wissen über diese Körpermechanismen kann uns in unserem Ernährungsverhalten handlungsfähiger, unabhängiger und sicherer machen.

Ballaststoffe balancieren den Blutzuckerspiegel aus

Im Wesentlichen gibt es drei Hormone, die Hunger und Sättigung steuern. Sie heißen Insulin, Ghrelin und Leptin und werden dir in den nächsten Kapiteln begegnen.

Die wichtigsten Hormone, die Hunger und Sättigung steuern, sind Insulin, Ghrelin und Leptin.

Insulin senkt den Blutzuckerspiegel. Mit seinem Gegenspieler Glukagon, der den Spiegel hebt, sorgt es dafür, dass der Blutzuckerspiegel auf einem Level bleibt. Nach dem Essen steigt der Blutzuckerspiegel an, weil der Zucker, den wir mit der Nahrung aufgenommen haben, ins Blut gelangt. Daraufhin schütten die Beta-Zellen der Langerhansschen Inseln in der Bauchspeicheldrüse Insulin aus, das dafür sorgt, dass der Zucker aus dem Blut in die Zellen aufgenommen wird.

Blutzuckeranstieg bei unterschiedlichen High-Carb-Lebensmitteln

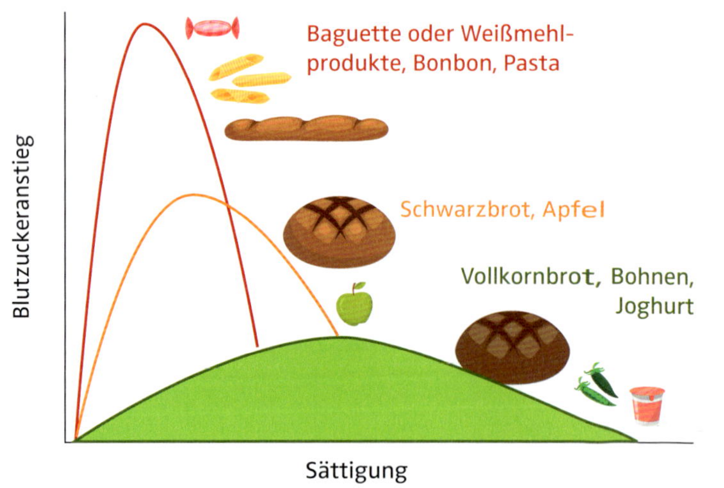

Man kann sich dabei Insulin wie einen Schlüssel vorstellen, der die Türen zu den Zellen aufschließt. Die Zuckermoleküle, die eben noch gesammelt im Flur standen, gelangen nun zu den hungrigen Zellinsassen (Mitochondrien). Dadurch sinkt der Blutzuckerspiegel wieder auf ein normales Level. Haben wir wiederum lange nichts gegessen, sind der Blutzuckerspiegel und die Insulinkonzentration niedrig und wir bekommen Hunger.[6]

Insulin senkt den Blutzuckerspiegel.

Ballaststoffe, z. B. jene, die Schleim bilden, sorgen dafür, dass der Nahrungsbrei im Schneckentempo in den Dünndarm gelangt, wo die meisten Kohlenhydrate abgebaut werden. Ebenso verringern Ballaststoffe die Verfügbarkeit von Nährstoffen wie Zucker oder Stärke. So kommt weniger Zucker ins Blut, und der,

der kommt, kommt langsam. Nach und nach. Der Blutzuckerspiegel steigt nur mäßig und langsam an. Infolgedessen schüttet unser Körper Insulin konstant und über einen längeren Zeitraum aus. Wir spüren diesen Effekt ganz praktisch dadurch, dass wir lange satt sind. Obendrein wird so Heißhunger vermieden.

Wie entsteht Heißhunger?

Blutzuckerspitzen sind die klassischen Auslöser für Heißhunger. Essen wir z. B. Spaghetti mit Tomatensauce, steigt unser Blutzuckerspiegel nach dem Essen rapide an. Auf einen Schlag schütten wir eine ganze Menge Insulin aus, damit der Zucker raus aus dem Blut und rein in die Zellen gelangt. In der Folge fällt der Blutzuckerspiegel ziemlich schnell und tief – und wir bekommen Heißhunger.

Das Gleiche geschieht, wenn wir kurzzeitig zu wenig essen. Sinkt der Blutzuckerspiegel unter ein bestimmtes Level, sind wir dermaßen hungrig, dass wir alles in uns hineinstopfen könnten – vorzugsweise Süßes, wie Schokoriegel, Chips oder Gummibärchen, um den Blutzuckerspiegel auf ein gutes Level zu bringen. Geben wir diesen Gelüsten nach, anstatt „etwas Ordentliches“ zu essen, sinkt der Blutzuckerspiegel später genauso rasant wie er gestiegen ist. Die Folge: Heißhunger. Schon wieder! Ein Teufelskreis ...

Der Glykämische Index

Diabetikern ist er geläufig, ansonsten ist er nicht sehr populär geworden: der Glykämische Index (GI). Dabei stellt dieser Wert in meinen Augen einen massiven Mehrwert für die Gestaltung der eigenen Ernährungsweise dar. Der GI sagt aus, wie schnell Glukosemoleküle (Einfachzucker) aus kohlenhydratreichen Lebensmitteln ins Blut gelangen. Je niedriger dieser Wert, desto besser.

Vereinfacht gesagt, haben zuckerhaltige Lebensmittel einen hohen GI. Oder stark verarbeitete Lebensmittel, wie z. B. Weißmehlprodukte, denn in diesem Fall hat die Industrie bereits erledigt, was normalerweise unser Verdauungsapparat leistet. Was

Den GI eines Lebensmittels im Auge zu haben, ist eine sehr gute Unterstützung für eine gesunde Ernährung.

schließen wir daraus für unser Thema Ballaststoffe? Je mehr Ballaststoffe ein Lebensmittel enthält, desto niedriger ist sein GI. Je niedriger der GI eines Lebensmittels ist, desto stabiler bleibt der Blutzuckerspiegel und desto länger bleiben wir in der Regel satt.

Nehmen wir Weißmehlprodukte wie Cornflakes, Pasta oder helle Brötchen: Maschinen mahlen, sieben und zerlegen das Getreidekorn, bis beinahe nur der stärkehaltige Mehlkörper übrigbleibt. Unser Körper kann den Zucker (Stärke) nun sofort verwerten. Er gelangt rasch ins Blut und unser Blutzuckerspiegel steigt rapide an.

Die Nährstoffe eines Getreidekorns

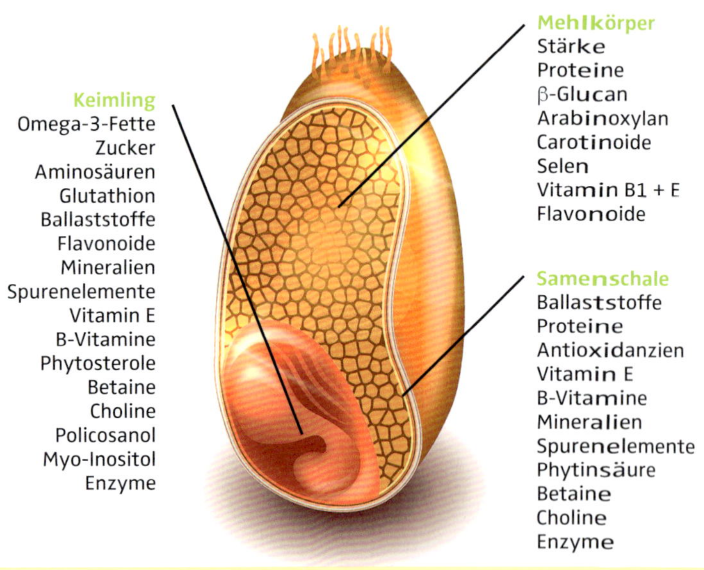

Umgekehrt verhält es sich mit Lebensmitteln, die kaum verarbeitet sind, die viele Ballaststoffe und kaum oder keinen Zucker enthalten. Hier hat unser Körper einiges zu tun, um die Nährstoffe für sich nutzbar zu machen. Und das können wir ihm zumuten, denn unser Körper ist kein Faulpelz und beschäftigt sich durchaus gerne ausgiebig mit der Nahrung.

Ballaststoffe füllen den Magen

Neben Insulin ist Ghrelin ein weiteres Hormon, das die Sättigung beeinflusst. Es wird in der Magenwand und in der Bauchspeicheldrüse gebildet und wirkt über den Blutkreislauf auf den Hypothalamus im Gehirn, der unseren Appetit regelt. Ist der Magen leer, steigt der Ghrelinspiegel an, entsprechende Signale gelangen an das Gehirn, das wiederum das Signal „Hunger“ aussendet. Haben wir gegessen und ist unser Magen gefüllt, sinkt der Ghrelinspiegel, wir fühlen uns satt.

Und hier kommen die Ballaststoffe ins Spiel: Sie vergrößern im Magen ihr Volumen mittels Wasser, manche gar um das Hundertfache. Außerdem haben Ballaststoffe die Eigenschaft, den oberen Verdauungstrakt in *Slow Mo* zu passieren. Die Trödelei beginnt bereits im Mund, denn Ballaststoffe müssen in der Regel länger gekaut werden, schon der Kiefer hat allerhand zu tun mit Vollkornbrot oder Rohkost. Das Schleichen geht im Magen weiter. Der Magen füllt sich langsam, der Inhalt zieht im Schneckentempo weiter in Richtung Dünndarm. Erst im unteren Dünndarmabschnitt und im Kolon beschleunigt sich der Vorgang.

Der Hypothalamus im Gehirn ist die Steuerungszentrale für Hunger und Sättigung.

Wenn wir ballaststoffreich essen, bleibt der Magen also länger gefüllt, es wird kein Ghrelin produziert und der Hypothalamus signalisiert länger, dass wir satt sind.

Bildliche Darstellung eines verhundertfachten Volumens

Ein weiteres Hormon, das mit dem Sättigungsgefühl zu tun hat, befindet sich im weißen Fettgewebe: **Leptin.** Je mehr Fettzellen wir besitzen und je größer sie sind, desto mehr Leptin ist verfügbar. Das Hormon wird über das Blut zum Gehirn transportiert und signalisiert: Hör auf zu essen! Viele Fettpolster sorgen also für einen hohen Leptinspiegel und somit für das Gefühl, satt zu sein.[2,6] Das gilt, sofern keine verminderte Empfindlichkeit besteht, die etwa Adipositas bewirken kann.

Ballaststoffe hemmen den Appetit

Ein weiterer Bereich, den wir durch ballaststoffreiche Nahrung direkt beeinflussen und der wiederum indirekt auf die Sättigung Einfluss nehmen kann, ist unsere Darmflora. Einige Darmbakterien könnten die Freisetzung von Sättigungshormonen direkt vor Ort stimulieren. Das passiert durch bakterielle Proteine und durch kurzkettige Fettsäuren, die beim Abbau wasserlöslicher Ballaststoffe entstehen, also bei der Fermentation im Darm. Kurzkettige Fettsäuren können die Blut-Hirn-Schranke passieren und im Gehirn die Produktion appetithemmender Botenstoffe stimulieren.

Obendrein beeinflusst die Darmflora den Gallensäurestoffwechsel. Gallensäuren werden für die Verdauung produziert, vor allem für die von Fetten. Außerdem sollen sie bei der Regulierung des Energiestoffwechsels und des Appetits eine Rolle spielen, indem sie aufs Gehirn wirken, um uns zu signalisieren: Satt!

Es wird angenommen, dass Darmbakterien bestimmte Nährstoffe, die sie brauchen, direkt „anfordern“ können und dass so bestimmte Nahrungsmittelvorlieben entstehen.[1]

Ebenfalls können Erschöpfung, Müdigkeit und Stress Hunger beeinflussen, weswegen es immer Sinn macht, solche Faktoren zu vermeiden.

Sensorische Prozesse beeinflussen, wie viel wir essen

Unsere Sinnesorgane – sprich Auge, Nase, Zunge, Ohr – lieben Abwechslung! Je mehr wir von einer Speise essen, desto geringer ist die Motivation, noch mal zuzugreifen. So belegen Studien, dass Menschen desto häufiger zum Stullentablett greifen, je unterschiedlicher die Brote belegt sind. Genießen wir unsere Leibspeise, ist das Verlangen nach mehr größer, als wenn wir ein Nullachtfünfzehn-Gericht essen. Auch bei einem mehrgängigen Menü hauen wir mehr rein als bei einem einfachen Gericht. Vielfalt und Geschmacksvorlieben führen also tendenziell dazu, mehr zu essen.

Daneben können auch kognitive Prozesse eine Rolle spielen: Wenn wir zum Beispiel bei einem besonders kalorienreichen Essen die rationale Entscheidung treffen, nur eine kleine Portion zu essen. Beim super gesunden Salat schlagen wir dagegen zu.

Diabetes: Wie Ballaststoffe den Blutzucker senken

Wie im vorherigen Abschnitt erklärt, wirken sich Ballaststoffe auf den Blutzuckerspiegel aus. Tatsächlich soll eine ballaststoffreiche Ernährung sogar das Risiko reduzieren, überhaupt an Typ-2-Diabetes zu erkranken. Das gilt insbesondere dann, wenn die Ballaststoffe aus Getreide stammen.

> Ballaststoffe helfen auf vielerlei Weise dabei, das Risiko für Typ-2-Diabetes zu senken.

Bei der Entstehung eines Typ-2-Diabetes kommen verschiedene Ursachen bzw. Auslöser zusammen. Dazu gehören Erbanlagen, starkes Übergewicht (BMI > 30), Bewegungsmangel, Unempfindlichkeit gegenüber Insulin (Insulinresistenz), eine gestörte Insulinausschüttung oder eine gestörte Produktion bestimmter Darmhormone.

Insbesondere Übergewicht und Bewegungsmangel gehen oft mit einem ungesunden Lebensstil einher, der sehr häufig pauschal als Ursache für einen Typ-2-Diabetes gesehen wird. Das mag wie ein Vorwurf klingen, hat aber einen großen Vorteil: Wir können selbst aktiv etwas verändern, denn ein Lebensstil lässt sich anpassen. Ein wichtiger Aspekt dabei ist, Ballaststoffe in die Ernährung zu integrieren! Warum ist das so effektiv? Ich fasse die Zusammenhänge hier kurz zusammen:

- Ballaststoffe helfen uns dabei, Übergewicht zu reduzieren, weil sie kalorienarm sind und schnell satt machen. Ein geringeres Körpergewicht wiederum senkt das Risiko, an Typ-2-Diabetes zu erkranken. Eine Studie der Harvard Medical School aus 2011 ergab, dass jene Teilnehmer, die drei Portionen Vollkorn am Tag aßen, weniger wahrscheinlich zunahmen als jene, die nur selten Vollkorn aßen. Und jedes Kilo mehr auf der Waage erhöht das Risiko, an Typ-2-Diabetes zu erkranken.
- Ein niedriges Körpergewicht senkt den Nüchterninsulinspiegel. Das schützt davor, eine Resistenz gegenüber Insulin zu entwickeln.
- Ballaststoffreiche Lebensmittel haben einen niedrigen GI (siehe Seite 19), sie wirken sich also nicht so stark auf den Blutzuckerspiegel aus, halten ihn sogar niedrig, was wiederum eine geringe Insulinausschüttung zur Folge hat. Eine Studie der Harvard Universität ergab, dass bei einer ballaststoffarmen Ernährung mit Lebensmitteln, die einen hohen GI haben, das Risiko, an Typ-2-Diabetes zu erkranken, um 33 Prozent höher ist als bei einer Ernährung mit vielen Lebensmitteln, die einen niedrigen GI aufweisen.[2]
- Ballaststoffe entlasten die Bauchspeicheldrüse bei der Insulinproduktion, weil sie Blutzuckerspiegelspitzen vermeiden und den Blutzuckerspiegel auf einem gesunden Level halten.
- Diabetiker profitieren von einer ballaststoffreichen Kost, weil weniger Zucker auf einmal in die Blutbahn gelangt und so weniger Insulin benötigt wird.
- Ballaststoffe verringern die Verfügbarkeit von mit der Nahrung zugeführter Stärke und Zucker.

Herz-Kreislauf-Erkrankungen: Wie Ballaststoffe das Cholesterin senken

Geht es um Herzinfarkt und Schlaganfall, ist schnell von Cholesterin die Rede. Cholesterin wird von unserem Körper gebildet und wir nehmen es durch die Nahrung auf. Es ist ein fettähnlicher Stoff, den der Körper braucht, um etwa die Zellmembran zu stabilisieren oder Hormone zu produzieren. Ist der Cholesterinspiegel, insbesondere der des LDL-Cholesterins, erhöht, steigt das Risiko für Herz-Kreislauf-Erkrankungen. Ein Zuviel des LDL-Cholesterins kann nämlich bewirken, dass es sich in den Blutbahnen ansammelt und sie verstopft. Dem können wir mit Ballaststoffen auf ganz unterschiedlichen Ebenen entgegenwirken:

- Essen wir Fettiges, werden für die Verdauung in der Leber aus Cholesterin Gallensäuren gebildet. Üblicherweise werden diese vom Darm wieder aufgenommen und zum Wiederverwerten recycelt. Nun binden lösliche Ballaststoffe Gallensäuren, sodass sie dem Körper nicht mehr für die Wiederverwertung zur Verfügung stehen. Ergo müssen neue Gallensäuren gebildet werden – das verbraucht Cholesterin und senkt seinen Level.
- Ballaststoffe, die Gel bilden, verhindern die Aufnahme von Nahrungscholesterin und Fettsäuren im Darm.
- Beim Abbau von bestimmten Ballaststoffen entstehen kurzkettige Fettsäuren, die den Aufbau von Cholesterin hemmen.
- Essen wir Ballaststoffe, sinkt der pH-Wert im Darm und Gallensäuren sind weniger löslich, das erschwert die Wiederaufnahme.
- Der gute Einfluss von Ballaststoffen auf den Blutzuckerspiegel wirkt sich auch auf die Cholesterinwerte aus: Ein hoher Blutzuckerspiegel beeinflusst den Cholesterinspiegel negativ.

Magen und Darm: Wie Ballaststoffe die Darmflora beeinflussen

Unser Mikrobiom ist weit mehr als eine Verdauungsmaschinerie. Indem wir es durch Ballaststoffe nähren, bewirken wir eine ganze Menge positiver Effekte.

Immunabwehr

Die Lebensweise in Industrienationen mit ihrer Vorliebe für stark verarbeitete Lebensmittel bedroht die Artenvielfalt des Darmmikrobioms.

Die Darmflora beeinflusst maßgeblich unser Immunsystem. Je bunter das Mikrobiom, desto besser können wir Infektionen abwehren. Unsere Darmflora arbeitet dafür direkt mit den Abwehrzellen in der Darmschleimhaut zusammen. Besonders vitalisierend wirken sich Milchsäurebakterien auf die Bevölkerung im Darm aus, sogenannte Probiotika, die wir hauptsächlich über fermentierbare Ballaststoffe wie Inulin aufnehmen können.

Die Darmflora bzw. der Darm wirkt auf zweierlei Arten Infektionen entgegen: Eine gesunde Darmflora behindert das Wachstum schädlicher Bakterien, ein fermentationsbedingter niedriger pH-Wert erschwert ihr Wachstum. Es entsteht eine Darmbarriere, die standhaft ist gegenüber Erregern von außen.[1]

Allergien

Die bereits erwähnten Milchsäurebakterien hemmen auch die Reaktionen unseres Immunsystems auf Allergien. Mit einer entsprechenden Ernährung ist es möglich, Lebensmittelallergien vorzubeugen oder ihre Symptome zu mildern. Daneben können bestimmte Ballaststoffe, z. B. Beta-Glucane und Pektine aus Getreide, Immunzellen stimulieren.

Chronisch entzündliche Darmerkrankungen

Der Einfluss von Ballaststoffen auf Colitis ulcerosa oder Morbus Crohn lässt sich nicht eindeutig belegen. Es wird jedoch vermutet, dass man diesen Krankheiten mit einer ballaststoffreichen Ernährung vorbeugen kann.

Insbesondere fermentierbare Ballaststoffe sind auch bei bereits Erkrankten günstig, indem sie akute Schübe verringern oder zumindest die Phase zwischen den Schüben verlängern. Insgesamt wirken sich Ballaststoffe durch den Aufbau einer gesunden Darmflora positiv aus. Mit einer Ausnahme: Bei akuten Schüben kann eine hohe Ballaststoffzufuhr den Darm weiter reizen.[1]

Verstopfung

Meine Hausärztin hat mir einen sehr guten Ernährungstipp bei Verstopfungen gegeben: Flohsamenschalen. Ihre Wirkung beruht auf ihrer Eigenschaft, Gel zu bilden und den Darm mitsamt sonstigem Inhalt schleunigst zu passieren. Gelbildende Ballaststoffe erhöhen grundsätzlich das Volumen des Stuhls und machen ihn weicher. Da sie Wasser binden, helfen sie auch gegen Durchfall.

Sogar bei chronischer Obstipation können Ballaststoffe im Einzelfall helfen.

Ein weicherer Nahrungsbrei bzw. Stuhl sorgt darüber hinaus dafür, dass Divertikel, das sind kleine Ausstülpungen im Darm, nicht so leicht gereizt werden und der Druck darauf gemildert wird. Das hilft bei einer Divertikulitis, einer schmerhaften Entzündung der Divertikel.

Hausmittel bei Verstopfung

1. Nimm dir Zeit beim Essen und kaue oft und langsam.
2. Iss eine ballaststoffreiche Mahlzeit und baue eventuell einen Esslöffel Flohsamenschalen ein. Passt das nicht, löse ihn in 200 ml Liter Flüssigkeit auf. Spüle mit 1–2 Gläsern Wasser hinterher.
3. Trinke mindestens zwei Liter Wasser oder ungesüßten Tee am Tag.
4. Plane genug Zeit für den Toilettengang ein und setze dich nicht unter Druck.
5. Geh auf die Toilette, wenn du musst. Du brauchst dich nirgendwo schämen für die natürlichste Sache der Welt.
6. Versuche Stress zu vermeiden.
7. Bewege dich an der frischen Luft.

Darmkrebs

Meine Recherche zum Thema Ballaststoffe und ihren Einfluss auf Darmkrebs ergab sehr unterschiedliche Ergebnisse. Walter Willett und Patrick Skerrett von der Harvard Medical School werteten beispielsweise Studien aus aller Welt aus[4] und konnten keinen eindeutigen Zusammenhang zwischen Darmkrebs und einer ballaststoffreichen Ernährung finden. Die folgenden Fakten gelten jedoch als gesichert:

- Die schnelle Darmpassage von Ballaststoffen verhindert, dass Magen- und Darmzellen mit potenziell krebserregenden Stoffen in Verbindung bleiben.
- Ballaststoffe sorgen für eine schnellere Ausscheidung potenziell krebserregender Stoffe.
- Durch ihre immunregelnde Wirkung verhindern Ballaststoffe Entzündungen in der Darmschleimhaut.
- Die blutzuckersenkende Wirkung von Ballaststoffen kann oxidativen Stress verhindern.
- Die bei der Ballaststoff-Fermentation entstehenden Triglyceride können eine hemmende Wirkung auf das Wachstum von Tumoren haben.[1]

Haben Ballaststoffe Einfluss auf Dickdarmkrebs?

Vor einigen Jahrzehnten wiesen einige kleine Studien darauf hin, dass das Dickdarmkrebsrisiko sinkt, wenn viel Zellulose gegessen wird. Dieses Ergebnis muss heute korrigiert werden: 2005 wurden 13 Kohortenstudien aus aller Welt mit insgesamt 725.000 Teilnehmern analysiert.[5] Das Ergebnis: Es gibt keinen eindeutigen Zusammenhang.

Mein Einfluss auf mich

Du weißt nun, was Ballaststoffe sind und was sie im Körper bewirken können. Lasst uns noch tiefer eintauchen, indem wir uns ansehen, wie stark das, was wir essen, unseren Körper, unser Wohlbefinden und unsere Gesundheit beeinflusst.

Kurztrip in die Biochemie: Mit Ernährung Körperprozesse beeinflussen

Wenn wir uns ganz nüchtern betrachten, sehen wir zunächst unseren Körper. Wir sehen den Rumpf, die Arme, die Beine und die Haut, die unseren Körper umgibt. Schauen wir genauer hin, können wir die Härchen auf der Haut wahrnehmen und im Vergrößerungsspiegel einzelne Poren erkennen. Zoomen wir immer weiter heran, entdecken wir einzelne Zellen, dann winzige Bausteine, aus denen sie bestehen, bis wir irgendwann bei Atomen landen.

Die Stoffe, aus denen wir gemacht sind, und jene, die wir aufnehmen, reagieren ständig miteinander. Sie verbinden sich, sie lösen auf. Sie transportieren, sie nehmen auf, sie geben ab. Verschiedene Strukturen aus verschiedenen Stoffen bedingen verschiedene Reaktionen. Im kleinsten Detail wird ersichtlich, wie diese winzigen Teilchen uns kontinuierlich am Leben halten.

> Sämtliche Elemente, aus denen unser Körper besteht, lassen sich am Ende in einem Periodensystem zusammenfassen.

Sich dieses Wunder der Natur bewusst zu machen, ist sehr erhellend. Genauso wichtig ist es zu verstehen, dass wir einen Einfluss auf diese Reaktionen haben. Mit einem tiefen Atemzug nehmen wir beispielsweise mehr Sauerstoff auf als mit einem kurzen und versorgen damit die Zellen effektiver mit Energie – der Körper reagiert unmittelbar auf unser Verhalten.

Auch mit unserer Ernährung können wir die Prozesse beeinflussen – auf gute oder ungünstige Weise. Der Körper kann nur mit dem arbeiten, was er kriegt. Immerhin versucht er, das Beste draus zu machen.

Wie Nahrung wirkt

Dass Nahrung der Treibstoff unserer Zellen ist, müsste jedem bewusst sein. Genauso wie uns bewusst ist, dass wir unser Auto tanken müssen, damit es fährt. Beim Auto ist es sogar so, dass wir genau wissen, dass in dieses Cabrio E5 muss und in jenen Kombi Diesel. Wir wissen, wann der Ölwechsel ansteht, und bekommen angezeigt, wann das Scheibenwischwasser leer ist.

Bei der Ernährung ist es nicht ganz so simpel, was damit zusammenhängt, dass unser Körper wesentlich komplexer ist als ein Auto und dass wir Menschen sehr unterschiedlich sind. Nichtsdestotrotz sind wir alle darauf angewiesen, dass etwas reinkommt. Und zwar nicht nur irgendwas, sondern ganz bestimmte Stoffe, die unser System am Laufen halten.

Kalorie (kcal): Das ist die Wärmemenge, die erforderlich ist, um 1 Gramm Wasser um 1 Grad Celsius zu erwärmen.

Ein paar Tage, sogar Wochen, können wir ohne feste Nahrung auskommen, weil der Körper aus Reserven, wie Fettdepots oder Muskelmasse, Energie produzieren kann. Obendrein besitzen wir ein Speicherorgan, unsere Leber. Sie bunkert einige Vitamine und lebenswichtige Stoffe. Irgendwann ist aber auch dieser Vorrat erschöpft und wir müssen essen, sofern wir weiterleben möchten.

Aber was? Der Körper schöpft den Großteil der Energie aus Makronährstoffen. Das sind Fette, Eiweiße (Proteine) und Kohlenhydrate. Die Menge der zur Verfügung stehenden Energie wird in der Regel in Kilokalorien oder Kilojoule gemessen.

- **Eiweiße** bestehen aus Aminosäuren. Für uns sind 21 relevant, davon müssen wir neun mit der Nahrung aufnehmen. Sie haben Namen wie Histidin, Isoleucin, Leucin oder Lysin. Lysin zum Beispiel spielt beim Knochenaufbau eine wesentliche Rolle.
- **Fette** bestehen aus Fettsäuren, je nach chemischer Zusammensetzung werden sie unterteilt in Omega 3 und Omega 6, in langkettig oder kurzkettig, in gesättigt oder ungesättigt. Kurzkettige Fettsäuren spielen im Zusammenhang mit unseren Ballaststoffen eine wichtige Rolle, sie entstehen, wenn

lösliche Ballaststoffe im Darm fermentiert werden. Kurzkettige Fettsäuren senken den pH-Wert im Dickdarm und sorgen für ein Milieu, in dem es Krankheitserreger schwer haben. Sie versorgen uns mit Energie, wirken entzündungshemmend und stimulieren das Immunsystem.

- Kohlenhydrate sind im chemischem Sinn Zucker. Je nach der Anzahl der miteinander verbundenen Zuckermoleküle unterscheidet man zwischen Einfach-, Zweifach- und Mehrfachzucker. Zu den Einfachzuckern gehören unter anderem Glukose (Traubenzucker) und Fruktose (Fruchtzucker). Saccharose (Haushaltszucker) und Laktose (Milchzucker) sind Zweifachzucker. Mehrfachzucker sind z. B. Amylose und Glykogen. Schließlich sind da noch die Ballaststoffe, die, wie bereits beschrieben, eine Sonderrolle einnehmen.

Mit Ballaststoffen Potenziale nutzen

Sind die Kohlenhydrate komplex, also zum Beispiel solche aus Vollkorn, kommen gerne Ballaststoffe mit daher. Und wo Ballaststoffe sind, sind in der Regel jede Menge Vitamine und Mineralstoffe, sogenannte Mikronährstoffe. Diese kann unser Körper nicht selbst bilden, sondern muss sie über die Nahrung aufnehmen, sie sind also essenziell. Sie liefern keine Energie, so wie die Makronährstoffe, sind aber wichtig für zahlreiche Vorgänge im Organismus.

Halten wir also fest, dass wir bestimmte Lebensmittel essen müssen, um zu überleben. Und manche Lebensmittel können wir essen, um noch besser zu funktionieren.

> Natürlich ist es auch wichtig, genügend zu trinken, nur ist das weniger komplex: Am besten ist Wasser. In unseren Sphären ist Leitungswasser eine sehr gute Quelle.

Von leeren Kalorien und prall gefüllten Nährstoffbomben

Es gibt Lebensmittel, die eine enorme Fülle an Nährstoffen mitbringen, und solche, die es nicht tun. Zum Beispiel enthält ein Apfel neben komplexen Kohlenhydraten jede Menge Ballaststoffe und Vitalstoffe und hat wenige Kalorien. Apfelsaft hingegen bringt Kalorien, aber weniger Nährstoffe mit und macht dabei noch nicht einmal satt. Und Getränke wie Limonade oder Cola geben außer Flüssigkeit und Zucker wenig her. Genauso sieht es bei stark verarbeiteten Lebensmitteln wie Chips oder Toastbrot aus: viel Fett, viel Zucker und keine Nährstoffe.

Folgende Faustregel kannst du also stets beherzigen: Je weniger verarbeitet ein Lebensmittel, also je purer es ist, desto besser nährt es dich.

Intuitiv essen: Was ich brauche, weiß ich selbst

Für mich stützt sich eine gute und bewusste Ernährungsweise auf zwei Säulen: Wissen und Intuition. Wissen befähigt dich, rationale Entscheidungen für dich und deinen Körper zu treffen. Deine Intuition befähigt dich, nach deinen Bedürfnissen zu handeln.

Dass ein und dieselbe Ernährungsweise für alle gelten soll, halte ich seit meinem Ökotrophologie-Studium für fragwürdig. Wir Menschen, die in allen Belangen so individuell sind, sollen beim Thema Ernährung auf einmal gleich ticken? Low Carb für alle funktioniert nicht, auch wenn es für einige die Lösung ist. Genauso widerstrebt Intervallfasten jeglicher Intuition, wobei es für einige durchaus das Richtige sein kann. Mein Partner isst beispielsweise oft erst am Nachmittag, weil er vorher einfach noch keinen Appetit verspürt. Wenn du für dich deinen Weg findest, wird dein Körper insgeheim mitentscheiden.

Zugegeben, es ist leichter, sich an vorgegebene Regeln zu halten, als sich mit der Fülle der Möglichkeiten auseinanderzusetzen. Aber sind wir mal ehrlich: Auch in diesem Buch gibt es sicher einige Rezepte, die du niemals zubereiten wirst, weil sie dir aus irgendwelchen Gründen nicht zusagen – und bei einigen Gerichten wird dir schon beim Lesen das Wasser im Mund zusammenlaufen. Hier ist deine Intuition am Werk.

Wie ich meine innere Stimme höre

Die Welt da draußen ist manchmal so laut, dass sie die innere Stimme überschallt wie ein Presslufthammer. Ständig sind wir Einflüssen ausgesetzt, die unsere Sinne reizen und uns ablenken. Und bevor wir in uns hineinspüren, befinden wir uns schon auf dem Weg zum Kühlschrank, weil uns der Duft vom Nachbargrill Lust auf Herzhaftes gemacht hat (Stichwort Impuls). Das Foto vom Erdbeerkuchen auf Social Media lässt uns den Bäcker ansteuern, die Kollegin knabbert genüsslich Schokolade und wir öffnen die eigene Naschschublade. Die gute Nachricht: Wir können Impulse kontrollieren.

Die gute Nachricht: Wir können Impulse kontrollieren.

Mein Weg heißt Yoga. Denn Yoga ist, wenn man so will, eine Achtsamkeitslehre. Schritt für Schritt übt man, Einflüsse auszublenden und die Sinne zu bündeln, um nach innen zu spüren und den Fokus auf das Selbst zu richten. Dadurch sind wir konzentriert. Das funktioniert für das Meditieren, aber auch, um standhaft zu werden gegenüber Einflüssen von außen. Um Entscheidungen für sich zu treffen, und zwar bewusste Entscheidungen. Und auch wenn Yoga nicht dein Weg ist, so möchte ich mit dir einige Weisheiten dieser uralten Philosophie und meine praktische Erfahrung damit teilen.

Anleitung zum Reflektieren: Für bewusstes Essen

Im Folgenden findest du einige Fragen rund um deine Essgewohnheiten. Es sind Momentfragen, sie gelten im Hier und Jetzt. Hinterfrage dich in diesem Moment, vergleiche dich nicht mit gestern oder sogar mit anderen. Versuche in dich hineinzuspüren und deine Bedürfnisse jeden Tag und jeden Moment aufs Neue anzunehmen. Beobachte genau, bewerte nicht.

Was esse ich? Stell dir vor, du sitzt in einem Restaurant oder Café. In welchem sitzt du gerade? Wähle aus der Karte das aus, was dich am meisten anlacht. Voilà!

Mein Tipp: Mach dich frei von Konventionen, einmal am Tag etwas Warmes oder abends unbedingt etwas Herzhaftes essen zu müssen. Öffne dich für den Gedanken, auch nachmittags frühstücken zu dürfen und morgens Pasta zu essen. Überlege dir, wie sehr deine Entscheidung, was du isst, rational begründet ist und welche Rolle deine Gewohnheiten dabei spielen.

Warum esse ich? Diese Frage stellst du dir, wenn du im Begriff bist, etwas zu essen. Bevor du sie beantwortest, schließe kurz die Augen und atme mindestens dreimal tief durch. Hast du dann immer noch das Bedürfnis zu essen, weil dein Magen knurrt oder du dich schwach fühlst, nichts wie los. Wenn jedoch Langeweile oder der verlockende Duft vom Nachbargrill dahintersteckt, suchst du dir vielleicht lieber eine andere Beschäftigung.

Wie esse ich? In der Regel am besten ohne Ablenkung. Das gilt natürlich nicht für Essen in Gesellschaft. Frühstückst du in der Regel allein, schlage die Zeitung erst auf, wenn dein Teller leer ist. So kannst du deine Aufmerksamkeit dem Moment widmen und beobachten, wie viel du tatsächlich brauchst.

Auch während des Essens kannst du deine Achtsamkeit schulen. Versuche, all deine Sinnesorgane zu sensibilisieren. Betrachte das Essen vor dir, rieche es, höre, wie die Brotkruste beim Kauen kracht, spüre die Konsistenz deines Essens auf der Zunge. Kaue langsam und oft, sodass deine Geschmacksknospen Eindrücke verarbeiten können. Bist du satt, lass etwas stehen. Reste auf dem Teller sind keine Schande. Dem Körper zu viel zuzufügen wohl eher. Ich empfehle dir, der konfuzianischen Regel zu folgen: Iss nur so viel, bis dein Magen zu achtzig Prozent gefüllt ist. Völle bedingt Lethargie. Doch sollte dir Essen nicht Energie bringen?

Wo esse ich? Egal, wie stressig es auch sein mag, versuche, dir fürs Essen einen Ort zu suchen, an dem du dich wenigstens für ein paar Minuten deiner Mahlzeit widmen kannst. Schreibtischessern empfehle ich, den Ort zu wechseln. Als ich noch im Verlag gearbeitet habe, habe ich manchmal das Kantinentablett einfach mit auf die Wiese genommen und ein Picknick daraus gestaltet. Bedenke, dass du für ballaststoffreiche Nahrung etwas mehr Zeit brauchst, weil sie länger gekaut werden muss. Nimm dir die Zeit.

Beim Essen auf seine Instinkte zu hören, schließt nicht aus, sich eine gewisse Struktur zu schaffen. Solange es eine ist, die zu dir und deinen Bedürfnissen passt.

Wann esse ich? Es ist nichts gegen (gute) Gewohnheiten einzuwenden. Es spricht aber auch nichts dagegen, sie zu brechen. Für sich und damit für seine Intuition einzustehen, bedeutet nämlich manchmal auch, Dinge völlig anders zu machen. Ohnehin sind wir längst darüber hinweg, das Frühstück als „die wichtigste Mahlzeit am Tag“ zu betrachten. Für den einen mag das stimmen, der andere musste sich morgens das Brötchen zum Kaffee regelrecht reinzwingen. Iss morgens wie ein Kaiser, mittags wie ein König, abends wie ein Bettler. Wer entscheidet überhaupt darüber, ob du dreimal am Tag essen sollst?

Mach es auf deine Weise. Iss, wenn du hungrig bist. Und am besten so, dass der Hausfrieden gewahrt bleibt. Kompromisse lassen sich immer schließen.

Gesund leben: eine Frage des Lebensstils

Als Ernährungsexpertin und Yogalehrerin steht für mich im Vordergrund, meinen Körper gesund zu halten. Aber auch ich musste mir diese Priorität erst einmal zugestehen. Es war für mich nicht immer selbstverständlich, mich mit der gleichen Hingabe, mit der ich mich anderen Menschen hinwende, auch um mich zu kümmern.

Solltest du an einer Krankheit leiden, so hast du dich womöglich nicht ganz aus freien Stücken dazu entschieden, dich mit deinem Körper auseinanderzusetzen. Stattdessen wurde es unabdingbar, denn eine träge Verdauung hemmt uns beispielsweise, ausgelassen zu sein. Und sind wir gestresst, verstärken sich die

Symptome unserer Krankheit womöglich. Wenn wir unserer Gesundheit ausreichend Platz einräumen, wird diese auf unterschiedlichen Ebenen davon profitieren.

Hast du dich mit den Achtsamkeitsfragen des vorigen Kapitels bereits auseinandergesetzt, wurde dir vielleicht bewusst, wie viel Spielraum du bei der Gestaltung deines Ernährungsstils hast. Diese Fülle lässt sich auf deinen gesamten Lebensstil übertragen. Und mit dieser Achtsamkeit, die Instinkt und Wissen vereint, setzt du automatisch einen Fokus auf deine Bedürfnisse. Es ist nie zu spät, gute und gesunde Gewohnheiten zu etablieren. Setz dich nur nicht unter Druck, Gelassenheit ist hier die Tugend.

Kleine Änderungen, große Wirkung

Manchmal sind es nur ein paar kleine Anpassungen im Alltag, die das Leben lebenswerter machen. Sieh die folgenden sieben Punkte als Anregung. Gehe spielerisch damit um. Es dauert seine Zeit, neue Gewohnheiten zu etablieren. Gib nicht auf und sei nachsichtig mit dir.

1. Trinken Achte darauf, viel Wasser zu trinken. Gerade, wenn du den Ballaststoffgehalt in deiner Ernährung allmählich erhöhst, solltest du auch die Menge der Flüssigkeit anpassen. Denn Ballaststoffe entziehen dem Körper Wasser. Fließt bei dir gutes Leitungswasser, umso besser. Das ist meist die klügste Wahl. Lass dich von einem Timer regelmäßig ans Trinken erinnern oder stelle schon am Abend die Flaschen bereit, die du am nächsten Tag leeren möchtest.

Mein Tipp: Wenn ich am Schreibtisch arbeite, stelle ich mir mein liebstes Kristallglas bereit und gieße Wasser in eine Karaffe. So fühlt sich Trinken an wie eine Belohnung. Nachmittags gönne ich mir gerne einen guten japanischen Grüntee, den ich ihn einem schönen Kännchen aufbrühe, aus einer Teeschale trinke und so den Genuss zelebriere.

2. Bewegen Bedeutete Sport für dich bisher Quälerei, versuche doch noch mal völlig frei an die Sache ranzugehen. Überlege dir, was dir Spaß machen könnte, und probiere es aus. Versuche auch beim Sport intuitiver zu handeln. Lege die Smartwatch in die Ecke und laufe einfach los. Wenn du das Bedürfnis hast, schneller zu gehen, rennst du ein Stück, wenn nicht, dann gehst du einfach langsam. Nimm Druck aus der Sache. Hauptsache du bewegst dich. Wenn du wöchentlich einen Sportkurs besuchst, versuche ihn zur Priorität zu machen und keine anderen Freizeitaktivitäten auf die Zeit zu legen.

Mein Tipp: Ich versuche so selbstverständlich auf die Yogamatte zu steigen, wie ich Zähne putze. Und selbst wenn ich mich schwach fühle oder nicht in Stimmung bin, praktiziere ich, dann eben nur mit 50 Prozent Einsatz. Ein bisschen Zähneputzen geht erfahrungsgemäß schließlich auch noch, wenn man spätnachts erschöpft nach Hause kommt.

3. Meal Prep Bist du viel unterwegs und hast wenig Zeit zu kochen, bereite dir am Wochenende Mahlzeiten oder Teile davon für die kommende Woche vor. So kannst du für eine Bowl schon mal den Rotkohl schneiden, du kannst Reis vorkochen oder Hummus vorbereiten. Auf den Seiten 95 findest du Rezepte für Nudelsaucen als Meal Prep. Sofern die Lust mitmacht, begnüge dich mit einer Stulle wie der auf Seite 118.

Mein Tipp: Unterrichte ich viele Yogastunden hintereinander, bleibt dazwischen oft wenig Zeit, um zu essen. Nicht zu schwer darf es sein und satt sollte es machen. Zudem neige ich bei viel Arbeit zu einer müden Verdauung. Meine Lösung heißt Porridge. Morgens, wenn ich die Kaffeemaschine anwerfe, stelle ich einen Topf mit Haferflocken und etwas Flohsamenschalen auf den Herd. Der Brei ist fertig, sobald der Kaffee durchgelaufen ist. Ich teile ihn auf zwei Vorratsdosen auf, hacke noch ein paar Nüsse und nehme Obst mit, auf das ich Lust habe. Meine Rezepte findest du ab Seite 48.

Je entspannter du mit dir selbst umgehst, desto entspannter wirst du mit anderen umgehen. Das ist ein wunderbarer Schneeballeffekt.

4. Geduld Versuche dich trotz all der guten Gründe für einen gesunden Lebensstil locker zu machen und bestrafe dich nicht, wenn du mal nicht alles einhältst. Eine Ernährungsumstellung braucht Zeit und vor allem Geduld. Und solltest du zwischendurch mal „irrationale" Entscheidungen treffen, wenn du etwa Weißbrot statt Vollkornbrot kaufst, dann ist das auch okay.

5. Moral Ein bewusster Umgang mit der eigenen Ernährungsweise bedingt einen bewussten Umgang mit Lebensmitteln. Hinterfrage auch hier deine Entscheidungen, vor allem beim Kauf. Woher kommt das Lebensmittel? Wer hat die Mango geerntet, wer hat sie transportiert? Wie hat das Tier gelebt, woher kam es? Tut mir das Lebensmittel gut? Hat ein Lebewesen womöglich gelitten? Brauche ich das wirklich? Kannst du diese Fragen alle so beantworten, dass es für dich stimmig ist, *go for it.*

6. Schlaf Räum dir Zeit zum Ausruhen ein. Vielleicht schaffst du es, zwischendurch sogar mal zu meditieren. Jedenfalls solltest du dir bewusst machen, wie viel Schlaf du brauchst, und dementsprechend ins Bett gehen. Hast du das Privileg, deinen Zeitplan selbst zu gestalten, lass den Wecker einfach mal aus.

Mein Tipp: Es gibt Nächte, in denen mein Kopf arbeitet und mich wachhält. Weil ich ohnehin nicht schlafen kann, schnappe ich mir mein Notizbuch und beginne zu schreiben und so meinen Gedankenknoten zu lösen: *Ich kann gerade nicht schlafen. So viele Gedanken in meinem Kopf, wahrscheinlich habe ich Angst, morgen nicht rechtzeitig da zu sein. Aber mein Wecker ist gestellt und ich habe alles vorbereitet. Da ist noch was anderes. Die Mail von heute Morgen beschäftigt mich wohl immer noch. Aber warum hat sie mich so getriggert? Ich habe wohl …*

7. Rausnehmen Besonders wenn du gestresst bist – gönne dir Auszeiten. Mach deinen Kopf leer und gestehe dir zu, nicht funktionieren zu müssen. Und überhaupt nichts tun zu müssen in diesem Moment. Nichts sein zu müssen, einfach mal nur sein zu dürfen.

Mein Tipp: Für dieses Kapitel saß ich am Schreibtisch und mein Kopf war leer. Keine Idee, nichts. Innerlich war Druck da, denn ich hatte mir selbst eine Deadline gesetzt. Kurzerhand habe ich den Laptop zugeklappt, mir mein Notizbuch, eine Picknickdecke und meinen Freund geschnappt und mich auf eine Wiese gelegt. Die Sonne schien herrlich. Und auf einmal sprießten die Ideen wie die Frühlingsblüten um uns herum. Klingt kitschig, ich weiß, funktionierte aber einwandfrei und ist nur ein Beispiel dafür, dass in der Ruhe die Kraft liegt.

111 GESUNDE BALLASTSTOFFREICHE REZEPTE

Jetzt geht's in die Küche. Beginne, dich ballaststoffreicher und somit gesünder zu ernähren. Mit 111 köstlichen Rezepten für jede Tageszeit und Situation wird dir das leicht gelingen. Die Auswahl ist vielseitig und reicht von knusprigen Granola über farbenfrohe Bowl-Gerichte bis hin zum Orientklassiker Baba Ganoush. Lass dich von meinen Rezepten inspirieren, probiere aus und variiere. Ich bin mir sicher, dass du in der Ballaststoffküche dein Lieblingsgericht finden wirst.

Hinweise zu den Rezepten

Ballaststoffe klingen nicht unbedingt sexy, dafür sehen sie unverschämt gut aus und lassen sich auf dem Teller zu den buntesten Kreationen vereinen. Und sie schmecken!

Leider musste ich mich auf 111 Rezepte beschränken. Die Auswahl ist vermutlich ein wenig subjektiv und sicher unvollständig. Ich selbst liebe es, Rezepte abzuwandeln, Dinge auszuprobieren, die ich nicht kenne. Ganz frech einfach die Mandeln durch Erdnüsse zu ersetzen und spontan noch einen Salat zur Pasta zu servieren. Das kannst du natürlich ebenso machen!

Sicher wird dir auffallen, dass ein Großteil der Rezepte pflanzenbasiert ist. Das ist zum einen der Tatsache geschuldet, dass tierische Lebensmittel nun mal keine Ballaststoffe enthalten. Zudem erfüllen die Rezepte so die Restriktionen oder Entscheidungen der meisten religiösen oder ethischen Lebensweisen. Und möchtest du auf dein Schnitzel nicht verzichten, fühl dich frei, es zu ergänzen. Ich habe auch viele glutenfreie Rezepte aufgenommen.

Tipps für den Broteinkauf

- Achte auf die Bezeichnung „Vollkorn“, sprich, dass Backwaren einen Vollkornanteil von mindestens 90 Prozent haben.
- Eine dunkle Brotfarbe weist nicht per se auf Vollkorn hin. Oft werden Brote zum Beispiel mit Malz gefärbt, Vollkorn hat meist eine hellbraune Färbung.
- Kornkrüstchen, Weltmeister, Roggenbrötchen – der Name verrät nichts über den Vollkorngehalt des Brötchens.
- Die Bezeichnung Mehrkornbrot bedeutet lediglich, dass das Brot mindestens aus drei Getreidearten besteht und sagt nichts über seinen Vollkornanteil aus.
- Kaufe am besten frisches Brot vom Bäcker anstatt abgepacktes oder welches aus der SB-Theke, denn das enthält in der Regel weniger Zusatzstoffe. Einfach nachfragen!

Typenbezeichnung beim Mehl

Die Typenbezeichnung informiert über den Mahlgrad des Mehls und gibt an, wie viel Milligramm Mineralstoffe in 100 g Mehl enthalten sind. Je kleiner die Typennummer, desto weniger Minerale und Ballaststoffe enthält das Brot. Vollkornmehle weisen eine Type um 1800 auf. Schrot ist sehr grob und ballaststoffreich.

Gekeimte Samen und Kerne

In einigen Rezepten verwende ich gekeimte Sonnenblumenkerne, Brokkolisamen oder gekeimten Buchweizen. Das Ankeimen von Samen und Getreide hat viele Vorteile, unter anderem verbessert sich die Bioverfügbarkeit der Inhaltsstoffe und Getreide wird bekömmlicher. Gekeimte Produkte sind in verschiedenen Internetshops erhältlich.

Meal-Prep-Saucen

Auf den Seiten 95 bis 167 findest du Rezepte für Meal-Prep-Saucen, die du auf Vorrat zubereiten kannst. Damit hast du jederzeit ein gesundes Essen in der Hinterhand. Die Saucen passen zu Vollkorn- oder Hülsenfrüchte-Pasta oder zu Gemüse. Für das große Einkochen einfach die Mengen vervielfachen.

Pflanzendrinks

Die Porridges werden mit Wasser oder Pflanzendrink zubereitet. Wofür du dich entscheidest, ist dir überlassen – vielleicht möchtest du auch gern abwechseln. Ein Rezept, wie du Mandeldrink und -mus selbst herstellen kannst, findest du auf Seite 167.

Snacken

Wann immer der kleine Hunger kommt, kannst du es knacken lassen. Ich knabbere am liebsten Nüsse, Endivie oder rohen Fenchel. Aber auch Paprika, Gurken und Karotten bieten sich an.

FRÜHSTÜCK

▶ Homemade Granola

Bananen-Schoko-Granola

Kategorie: Vorrat, vegan, glutenfrei

Menge: für 1 Glas (600 ml)
Zubereitungszeit: 10 Min. + 15 Min. Backzeit
Nährwerte pro Portion (50 g): ca. 230 kcal, 3,5 g BS, 5 g E, 14 g F, 20 g KH
Haltbarkeit: trocken und dunkel gelagert ca. 3 Wochen

Zutaten

70 g Paranusskerne
30 g Kürbiskerne
300 g Haferflocken
80 g Pflanzenöl
50 ml Sirup (z. B. Ahornsirup)
2 TL Zimt
20 g Kakaonibs
30 g getrocknete Bananen

Zubereitung

1. Backofen auf 180 °C (Ober-/Unterhitze, Umluft 106 °C) vorheizen.
2. Kerne nach Belieben hacken und mit Haferflocken in einer Schüssel mischen. Öl, Sirup und Zimt verrühren und darübergeben. Alles gut vermengen.
3. Backblech mit Backpapier auslegen und die Masse darauf verteilen. Im heißen Ofen 10–15 Minuten unter Beobachtung braun rösten. Zwischendurch mit einer Gabel wenden.
4. Granola vollständig auskühlen lassen und mit Kakaonibs und Bananen mischen. In einem Vorratsglas luftdicht und dunkel aufbewahren.

Kokos-Kurkuma-Granola

Kategorie: Vorrat, vegan, glutenfrei

Menge: für 1 Glas (650 ml)
Zubereitungszeit: 10 Min. + 15 Min. Backzeit
Nährwerte pro Portion (50 g): ca. 235 kcal, 4,2 g BS, 6 g E, 15 g F, 19 g KH
Haltbarkeit: trocken und dunkel gelagert ca. 3 Wochen

Zutaten

- 70 g Cashewkerne
- 300 g Haferflocken
- 30 g Kokoschips
- 1 TL Salz
- ½ TL Kurkuma
- ½ TL Kardamom
- 80 g Kokosöl
- 50 ml Sirup (z. B. Ahornsirup)

Zubereitung

1. Backofen auf 180 °C (Ober-/Unterhitze, Umluft 160 °C) vorheizen.

2. Cashewkerne nach Belieben hacken und mit den trockenen Zutaten in einer Schüssel mischen. Kokosöl und Sirup darübergeben. Alles gut vermengen.

3. Backblech mit Backpapier auslegen und Masse darauf verteilen. Im heißen Ofen 10–15 Minuten unter Beobachtung braun rösten. Zwischendurch mit einer Gabel wenden.

3. Den Ofen ausschalten und das Granola trocknen lassen.

4. Granola aus dem Ofen nehmen, vollständig auskühlen lassen und in einem Vorratsglas luftdicht und dunkel aufbewahren.

TIPP

Ich liebe dieses Granola ofenwarm über eiskalten Kokosjoghurt gestreut mit kleingeschnittener Banane obendrauf.

Keimling-Granola

Kategorie: Vorrat, vegan, glutenfrei

Menge: für 1 Glas (650 ml)
Zubereitungszeit: 10 Min. + 15 Min. Backzeit
Nährwerte pro Portion (50 g): ca. 235 kcal, 3,4 g BS, 6 g E, 14 g F, 21 g KH
Haltbarkeit: trocken und dunkel gelagert ca. 3 Wochen

Zutaten

100 g Walnusskerne
70 g gekeimte Sonnenblumenkerne
30 g gekeimter Buchweizen
50 g gepoppter Amaranth
250 g Haferflocken
2 TL Zimt
80 g Pflanzenöl
50 ml Sirup (z. B. Ahornsirup)

Zubereitung

1. Backofen auf 180 °C (Ober-/Unterhitze, Umluft 160 °C) vorheizen.
2. Kerne nach Belieben hacken und mit Buchweizensprossen, Amaranth, Haferflocken und Zimt in einer Schüssel mischen. Öl und Sirup verrühren und darübergeben. Alles gut vermengen.
3. Backblech mit Backpapier auslegen und Masse darauf verteilen. Im heißen Ofen 10–15 Minuten unter Beobachtung braun rösten. Zwischendurch mit einer Gabel wenden.
4. Granola vollständig auskühlen lassen und in einem Vorratsglas luftdicht und dunkel aufbewahren.

TIPP

Bist du eingeladen und brauchst noch ein schnelles Gastgeschenk? Dieses Granola kommt mit Sicherheit gut an!

Porridge

Birnen-Walnuss-Porridge mit Chiasamen

Kategorie: vegan, glutenfrei

Menge: für 1 Portion
Zubereitungszeit: 10 Min.
Nährwerte pro Portion: ca. 340 kcal, 11 g BS, 11 g E, 13 g F, 44 g KH

Zutaten

50 g Haferflocken
1 EL Chiasamen
200 ml Wasser oder Pflanzendrink
10 g Walnusskerne
1 kleine Birne
1 Prise Zimt

Zubereitung

1. Haferflocken, Chiasamen und Wasser oder Pflanzendrink in einem kleinen Topf mischen und aufkochen. 3–5 Minuten unter Rühren mit einem Holzlöffelstiel köcheln lassen. Haferbrei in eine Schale umfüllen und 3–5 Minuten quellen lassen.

2. Inzwischen Walnüsse klein hacken. Birne waschen, putzen und klein würfeln. Porridge mit Birne und Nüssen bestreuen und mit Zimt bestäuben.

Mandel-Apfel-Porridge

Kategorie: vegan, glutenfrei

Menge: für 1 Portion
Zubereitungszeit: 10 Min.
Nährwerte pro Portion: ca. 390 kcal, 8 g BS, 11 g E, 15 g F, 53 g KH

Zutaten

1 Apfel
1 TL Sirup
50 g Haferflocken
200 ml Wasser oder Pflanzendrink
1 EL Mandelmus (siehe Mandeldrink, S. 167)
10 g Mandelkerne
1 Prise Zimt

Zubereitung

1. Apfel waschen, putzen und fein würfeln oder raspeln. Sirup in einem kleinen Topf erhitzen. Apfel darin anrösten. Haferflocken und Wasser oder Pflanzendrink zugeben. Alles mischen und aufkochen. 3–5 Minuten unter Rühren mit einem Holzlöffelstiel köcheln lassen. Mandelmus unter den Apfel-Haferbrei rühren und in eine Schale umfüllen. 3–5 Minuten quellen lassen.

2. Inzwischen Mandeln hacken und in einer Pfanne ohne Fettzugabe rösten. Porridge mit Zimt bestäuben und mit Mandeln bestreuen.

Trauben-Sonnenblumen-Porridge

Kategorie: Sommer, vegan, glutenfrei

Menge: für 1 Portion
Zubereitungszeit: 10 Min.
Nährwerte pro Portion: ca. 320 kcal, 15 g BS, 10 g E, 6 g F, 50 g KH

Zutaten

50 g Haferflocken
1 EL Flohsamenschalen
200 ml Wasser oder Pflanzendrink
10 Weintrauben
10 Rosinen
10 g Sonnenblumenkerne

Zubereitung

1. Haferflocken, Flohsamenschalen und Wasser oder Pflanzendrink in einem Topf mischen und aufkochen. 3–5 Minuten unter Rühren mit einem Holzlöffelstiel köcheln lassen. Haferbrei in eine Schale umfüllen. 3–5 Minuten quellen lassen.

2. Inzwischen Trauben von den Stielen zupfen. Die Trauben waschen, trocknen und klein schneiden. Rosinen hacken. Sonnenblumenkerne nach Belieben in einer Pfanne ohne Fettzugabe rösten. Porridge mit Mandeln, Rosinen und Sonnenblumenkernen bestreuen.

Kakao-Blaubeer-Porridge mit Lein

Kategorie: Sommer, vegan, glutenfrei

Menge: für 1 Portion
Zubereitungszeit: 10 Min.
Nährwerte pro Portion: ca. 330 kcal, 20,3 g BS, 10 g E, 13 g F, 35 g KH

Zutaten

50 g Haferflocken
1 EL Leinsamen
1 EL Flohsamenschalen
200 ml Wasser oder Pflanzendrink
50 g Heidelbeeren
10 g Kakaonibs
1 Prise Zimt

Zubereitung

1. Haferflocken, Leinsamen, Flohsamenschalen und Wasser oder Pflanzendrink in einem kleinen Topf mischen und aufkochen. 3–5 Minuten unter Rühren mit einem Holzlöffelstiel köcheln lassen. Haferbrei in eine Schale umfüllen und 3–5 Minuten quellen lassen.

2. Inzwischen Heidelbeeren waschen und verlesen. Porridge mit Kakaonibs und Heidelbeeren bestreuen und mit Zimt bestäuben.

▶ 5 Smoothies mit 5 Zutaten

Feldsalat-Bananen-Smoothie

Kategorie: Winter, vegan, glutenfrei

Menge: für 1 Glas (200 ml)
Zubereitungszeit: 5 Min.
Nährwerte pro Glas: ca. 155 kcal, 18 g BS, 4 g E, 4 g F, 19 g KH

Zutaten

½ Banane (am besten gefroren)
50 g Feldsalat
2 TL Flohsamenschalen
1 TL Leinsamen
100 ml Pflanzendrink (z. B. Hafer)

Zubereitung

1. Frische Banane schälen und grob würfeln. Feldsalat waschen und verlesen.

2. Banane (gefroren oder frisch), Feldsalat, Flohsamenschalen, Leinsamen und Pflanzendrink im Mixer oder mit dem Pürierstab fein mixen. Bei Bedarf etwas mehr Flüssigkeit für die gewünschte Konsistenz zugeben.

INFO

Für ein erfrischendes Trinkgefühl die Banane schälen, grob schneiden und ins Gefrierfach legen. Banane portionsweise für die Smoothies herausnehmen.

Beeren-Möhrengrün-Smoothie

Kategorie: Sommer, Herbst, vegan, glutenfrei

Menge: für ein Glas (350 ml)
Zubereitungszeit: 5 Min.
Nährwerte pro Glas: ca. 155 kcal, 10 g BS, 3 g E, 6 g F, 20 g KH

Zutaten

1 Nektarine
1 Bund Möhrengrün
130 g Beeren (TK oder frisch)
1 TL Leinöl

Zubereitung

1. Nektarine waschen, entsteinen und grob schneiden. Möhrengrün waschen und grob schneiden.

2. Nektarine, Möhrengrün und Beeren mit 100 ml Wasser und Leinöl im Mixer oder mit dem Pürierstab fein mixen. Bei Bedarf noch etwas Flüssigkeit für die gewünschte Konsistenz zugeben.

INFO

Ist kein Möhrengrün im Haus, kannst du es einfach durch ein paar Kräuter, Radieschen-, Sellerie- oder Kohlrabigrün ersetzen.

Bananen-Mandel-Smoothie

Kategorie: vegan, glutenfrei

Menge: für 1 Glas (320 ml)
Zubereitungszeit: 5 Min.
Nährwerte pro Glas: ca. 300 kcal, 7 g BS, 7 g E, 10 g F, 43 g KH

Zutaten

- 1 Banane (am besten gefroren)
- 1 Handvoll Beeren (TK oder frisch)
- 1 EL Mandelmus (siehe Mandeldrink, S. 167)
- 150 ml Mandeldrink (S. 167)
- 2 EL Haferflocken

Zubereitung

Frische Banane schälen und grob schneiden. Banane (gefroren oder frisch), Beeren, Mandelmus, Mandeldrink und Haferflocken im Mixer oder mit dem Pürierstab fein mixen. Bei Bedarf noch etwas Flüssigkeit für die gewünschte Konsistenz zugeben.

INFO

Dieser Smoothie ist ein absoluter Favorit – auch bei Kindern. Mit einer Kugel Eis ist er ein schnell gezauberter, gesunder Sommerspaß.

Rote-Bete-Trauben-Smoothie

Kategorie: Frühling, Sommer, vegan, glutenfrei

Menge: für 1 Glas (320 ml)
Zubereitungszeit: 10 Min.
Nährwerte pro Glas: ca. 190 kcal, 5 g BS, 4 g E, 3 g F, 33 g KH

Zutaten

1 kleines Stück Ingwer (1 cm)
100 g Weintrauben
1 kleine Rote Bete
150 ml Orangensaft
1 TL Chiasamen

Zubereitung

1. Ingwer schälen und fein reiben. Trauben waschen und von den Stielen zupfen. Rote Bete schälen und grob schneiden (dazu am besten Küchenhandschuhe überziehen).

2. Ingwer, Beeren, Rote Bete und Orangensaft im Mixer oder mit dem Pürierstab fein mixen. Bei Bedarf noch etwas Flüssigkeit für die gewünschte Konsistenz zugeben. Mit Chiasamen bestreuen.

Orangen-Grünkohl-Smoothie

Kategorie: Winter, vegan, glutenfrei

Menge: für 1 Glas (300 ml)
Zubereitungszeit: 5 Min.
Nährwerte pro Glas: ca. 125 kcal, 16 g BS, 2 g E, 0 g F, 21 g KH

Zutaten

1 Orange
1 Apfel
1 Handvoll Grünkohlblätter
1 EL Haferflocken
100 ml Orangensaft oder Wasser

Zubereitung

1. Orange mit einem Messer schälen, Fruchtfleisch grob schneiden. Apfel und Grünkohlblätter waschen, putzen und grob zerkleinern.

2. Das klein geschnittene Obst und Gemüse mit 100 ml Orangensaft oder Wasser und den Haferflocken in den Mixer geben und pürieren oder mit dem Pürierstab mixen. Bei Bedarf noch etwas Flüssigkeit für die gewünschte Konsistenz zugeben.

BROTZEIT

▶ Selbst gebacken

Haferbrot ohne Mehl

Kategorie: vegan, glutenfrei

Menge: für 1 Kastenform (30 cm Länge)/
20 Scheiben
Zubereitungszeit: 10 Min. + plus 90 Min. Ruhezeit + 60 Min. Backzeit
Nährwerte pro Scheibe: ca. 165 kcal, 6,4 g BS, 8 g E, 9 g F, 13 g KH

Zutaten

250 g Haferflocken
250 g Sonnenblumenkerne
150 g Leinsamen
80 g Mandelblättchen
4–5 EL Chiasamen
8 geh. EL Flohsamenschalen
2 TL Salz
1 EL Rohrohrzucker

Zubereitung

1. Haferflocken, Sonnenblumenkerne, Leinsamen, Mandelblättchen, Chiasamen, Flohsamenschalen, Salz und Zucker in einer Schüssel vermengen. 750 ml Wasser zugießen. Alles gut vermischen und mit einem Tuch bedeckt 1 Stunde 30 Minuten ruhen lassen.

2. Backofen auf 180 °C (Ober-/Unterhitze) vorheizen. Teig in eine Kastenform füllen und im heißen Ofen 20 Minuten vorbacken. Dann Brot aus der Form lösen, das Brot ohne Form auf ein Backblech geben und im Ofen weitere 40 Minuten backen. Anschließend bei leicht geöffneter Ofentür im Backofen auskühlen lassen.

INFO

Oft haben Brote aus Vollkornmehl eine höhere Energiedichte als solche aus Weißmehl. Dafür enthalten sie reichlich Nährwerte und halten länger satt, weswegen wir weniger davon essen müssen.

Walnussbrot

Kategorie: vegan

Menge: für 1 Kastenform (30 cm)/20 Scheiben
Zubereitungszeit: 15 Min. + 90 Min. Gehzeit + 75 Min. Backzeit + 15 Min. Abkühlzeit
Nährwerte pro Scheibe: ca. 160 kcal, 3 g BS, 7 g E, 5 g F, 25 g KH

Zutaten

500 g Weizenvollkornmehl
200 g Haferschrot
2 Würfel frische Hefe
1 Prise Zucker
1 ½ EL Salz
100 g Walnusskerne
Fett und Mehl für die Form

Zubereitung

1. Mehl und Schrot in einer Schüssel mischen und eine Mulde in die Mitte drücken. Hefe und Zucker in 50 ml lauwarmem Wasser auflösen. Hefemischung in die Mulde gießen und mit Mehl bedecken. Schüssel mit einem Tuch abdecken und Teig 15 Minuten bei Zimmertemperatur gehen lassen.

2. 600 ml lauwarmes Wasser und Salz zum Vorteig geben und alles gründlich mit den Knethaken des Handrührgeräts ca. 10 Minuten kneten, bis der Teig Blasen schlägt und sich vom Schüsselboden löst. Teig mit einem Tuch bedeckt ca. 1 Stunde bei Zimmertemperatur gehen lassen oder bis sein Volumen sich verdoppelt hat.

3. Walnüsse hacken und unterrühren. Eine Kastenform ausfetten und mit Mehl bestäuben. Teig hineingeben, mit Wasser oder Milch bestreichen und erneut ca. 15 Minuten abgedeckt gehen lassen.

4. Die Form in den kalten Backofen auf die unterste Schiene stellen. Auf den Ofenboden ein feuerfestes Gefäß stellen und mit kaltem Wasser füllen. Backofen auf 200 °C (Ober-/Unterhitze, Umluft 180 °C) einstellen und anschalten. Das Brot ca. 1 Stunde 15 Minuten backen.

5. Brot aus dem Ofen nehmen und ca. 15 Minuten in der Form abkühlen lassen, dann auf ein Ofengitter stürzen.

Schnelle Vollkorn-Scones

Kategorie: vegan

Menge: für 12–14 Stück
Zubereitungszeit: 30 Min.
Nährwerte pro Stück (bei 14): ca. 185 kcal, 3,9 g BS, 5 g E, 8 g F, 23 g KH

Zutaten

- 500 g Weizenvollkornmehl
- 3 TL Backpulver
- 1 EL Rohrohrzucker
- 1 TL Salz
- 125 g Margarine in Flocken
- 350 g pflanzlicher Joghurt

Zubereitung

1. Backofen auf 200 °C (Ober-/Unterhitze, Umluft 180 °C) vorheizen. Ein Backblech mit Backpapier auslegen.

2. Alle Zutaten in einer Schüssel mit den Knethaken des Handrührgeräts zu einem glatten Teig verkneten. Teig in 12–14 Stücke teilen und Teigstücke rund formen, auf das Blech setzen und leicht flach drücken. Im heißen Ofen ca. 15 Minuten goldbraun backen. Lauwarm oder abgekühlt servieren.

Kürbiskern-Hafer-Knäckebrot

Kategorie: Vorrat, vegan

Menge: für 24 Stück
Zubereitungszeit: 10 Min. + 55 Min. Backzeit
Nährwerte pro Stück: ca. 80 kcal, 1,5 g BS, 3 g E, 4 g F, 7 g KH

Zutaten

- 120 g Weizenvollkornmehl
- 100 g Haferflocken
- 75 g Kürbiskerne
- 50 g Sonnenblumenkerne
- 50 g Sesam
- 1 Prise Salz
- 2 EL Olivenöl

Zubereitung

1. Backofen auf 150 °C (Umluft) vorheizen. Zwei Backbleche mit Backpapier auslegen.

2. Alle Zutaten in eine Schüssel geben, 350 ml Wasser hinzufügen und mit den Knethaken des Handrührgeräts zu einem glatten Teig verkneten. Teig halbieren, je eine Portion dünn auf ein Blech streichen. Teige im heißen Ofen 15 Minuten vorbacken, herausnehmen und Brot jeweils mit dem Pizzaschneider in ca. 12 Stücke schneiden.

3. Brot zurück in den Ofen geben und weitere 40 Minuten knusprig backen. Anschließend auskühlen lassen.

TIPP

Das Knäckebrot hält sich luftdicht verpackt ca. 1 Woche.

Blitzbrötchen

Kategorie: vegan

Menge: für 15 Stück
Zubereitungszeit: 10 Min. + 20 Min. Backzeit
Nährwerte pro Stück: ca. 90 kcal, 2,3 g BS, 4 g E, 1 g F, 16 g KH

Zutaten

Öl für das Backblech
½ Würfel frische Hefe
375 g Dinkelvollkornmehl
1 TL Salz
Saaten und Kerne (z. B. Mohn, Leinsamen, Sonnenblumenkerne, Kürbiskerne, Sesam)

Zubereitung

1. Backofen auf 225 °C (Ober-/Unterhitze) vorheizen. Eine Schüssel mit kaltem Wasser füllen und auf den Ofenboden stellen. Ein Backblech mit etwas Öl einfetten.

2. Hefe und 50 ml lauwarmes Wasser in eine Schüssel geben und verquirlen. Mehl, Salz und 200 ml lauwarmes Wasser zugeben und alles mit einem Kochlöffel verrühren, bis ein geschmeidiger Teig entsteht.

3. Teig auf einer bemehlten Arbeitsplatte mit bemehlten Händen kneten und zu einer Rolle formen. Rolle in ca. 15 Scheiben schneiden. Scheiben jeweils zu runden Brötchen formen und auf ein Backblech geben. Brötchen nach Belieben mit Kernen und Saaten bestreuen.

4. Brötchen im heißen Ofen ca. 20 Minuten goldbraun backen, herausnehmen und sofort mit etwas Wasser bestreichen.

▶ Aufstriche

Rote-Bete-Meerrettich-Creme

Kategorie: Vorrat, Winter, vegan

Menge: für ca. 350 g
Zubereitungszeit: 40 Min.
Nährwerte pro EL (ca. 30 g): ca. 65 kcal, 1 g BS, 2 g E, 5 g F, 4 g KH
Haltbarkeit: mit Öl bedeckt sowie luftdicht und kühl gelagert ca. 5 Tage

Zutaten

- 2 große Rote Bete mit Grün
- Salz
- 60 g Sonnenblumenkerne
- 2–3 EL Meerrettich (frisch gerieben oder aus dem Glas)
- 2 EL Apfelessig
- 4 EL Olivenöl
- 2 EL Fenchelsaat
- Pfeffer
- Gartenkresse zum Garnieren (optional)

Zubereitung

1. Rote Bete waschen, Grün zum Weiterverarbeiten waschen und beiseitelegen (siehe Tipp). Knollen in reichlich kochendem Wasser ca. 30 Minuten kochen, bis sie weich sind. Kurz vor Ende der Garzeit Salz in das Wasser geben, damit die Rote Bete ihre leuchtende Farbe behält. Das Wasser abgießen, die Knollen ausdampfen lassen, pellen und grob schneiden. (Vor der Verarbeitung der Roten Bete bitte Küchenhandschuhe überziehen!)

2. Nach Belieben Sonnenblumenkerne in einer Pfanne ohne Fettzugabe rösten. Rote Bete, Sonnenblumenkerne, Meerrettich, Essig, Öl und Fenchelsaat im Mixer oder mit dem Pürierstab so lange mixen, bis eine Creme entstanden ist. Nach Bedarf Öl hinzugeben. Mit Salz und Pfeffer würzen und sofort servieren oder die Creme in ein heiß ausgespültes Schraubglas geben. Die Rote-Bete-Meerrettich-Creme mit Öl bedecken, das Glas verschließen und kalt stellen.

TIPP

Rote-Bete-Meerrettich-Creme auf eine Scheibe Brot streichen und mit Gartenkresse on top servieren.

Erbsen-Minze-Creme

Kategorie: Vorrat, vegan

Menge: für ca. 350 g
Zubereitungszeit: 15 Min.
Nährwerte pro EL (ca. 30 g): ca. 45 kcal, 1,1 g BS, 1 g E, 3 g F, 3 g KH
Haltbarkeit: mit Öl bedeckt sowie luftdicht und kühl gelagert ca. 1 Woche

Zutaten

- ½ Zwiebel
- 1–2 Stängel Minze
- 1 Bio-Zitrone
- 3 EL Olivenöl
- 200 g TK-Erbsen
- 1–2 TL Senf mittelscharf
- Salz, Pfeffer
- 1 Prise Zucker

Zubereitung

1. Zwiebel abziehen und fein würfeln. Blätter von der Minze abzupfen. Von der Zitrone Schale fein abreiben und Zitrone auspressen.

2. Öl in einem kleinen Topf erhitzen. Zwiebeln darin bei mittlerer bis hoher Hitze in ca. 1 Minute glasig dünsten. Erbsen sowie 3 EL Wasser zugeben und 5 Minuten bei mittlerer Hitze köcheln. Masse mit Minzblättern, Zitronenabrieb und -saft in einen Mixer geben und pürieren oder mit dem Pürierstab so lange mixen, bis eine Creme entstanden ist. Nach Bedarf noch etwas Öl oder Wasser hinzufügen.

3. Mit Senf, Salz, Pfeffer und Zucker würzen und sofort servieren. Alternativ die Erbsen-Minze-Creme in ein heiß ausgespültes Schraubglas geben, mit Öl bedecken, das Glas verschließen und kalt stellen.

TIPP

Für eine sehr cremige Konsistenz kann der Aufstrich nach Belieben mit 100 g Crème fraîche oder Frischkäse gemixt werden.

Hummus

Kategorie: Vorrat, vegan

Menge: für ca. 450 g
Zubereitungszeit: 60 Min. + 12 Std. Einweichzeit (optional)
Nährwerte pro EL (ca. 30 g): ca. 55 kcal, 1,3 g BS, 2 g E, 3 g F, 5 g KH
Haltbarkeit: luftdicht und kühl gelagert ca. 5 Tage

Zutaten

250 g getrocknete Kichererbsen (alternativ 400 g vorgegarte Kichererbsen aus Glas oder Dose)
1 Knoblauchzehe
½ Bio-Zitrone
3 EL Olivenöl (etwas mehr nach Bedarf)
2 EL Tahini (Sesampaste)
½ TL Salz
Pfeffer
Kreuzkümmel
Paprikapulver
Zum Garnieren:
Olivenöl
Sesamsaat
Petersilie

Zubereitung

1. Am Vortag getrocknete Kichererbsen 12 Stunden (am besten über Nacht) einweichen. Am nächsten Tag Einweichwasser abgießen und Kichererbsen in kochendem Salzwasser 1 Stunde weich kochen. Kichererbsen in ein Sieb abgießen und abtropfen lassen. Alternativ vorgegarte Kichererbsen aus der Dose oder aus dem Glas im Sieb abgießen, abspülen und abtropfen lassen.

2. Knoblauch abziehen und fein würfeln. Von der Zitrone Schale abreiben und Zitrone auspressen. Kichererbsen, Knoblauch, Zitronenabrieb, -saft, Öl, Tahini, Salz, Pfeffer, Kreuzkümmel und Paprikapulver in einem Mixer oder mit dem Pürierstab so lange mixen, bis eine Creme entstanden ist. Nach Bedarf etwas Öl oder Wasser hinzugeben.

3. Hummus abschmecken und mit Öl, Sesam und Petersilienblättchen garniert sofort servieren. Oder den Hummus in ein heiß ausgespültes Schraubglas geben, mit Öl bedecken, das Glas verschließen und kalt stellen.

TIPP

Um dem Hummus einen mediterranen Anstrich zu geben, verwende ich Balsamico statt Zitrone. Für eine zusätzliche Sesamnote ersetze ich 2 EL Olivenöl durch Sesamöl.

Auberginen-Röster – Baba Ganoush

Kategorie: Vorrat, Sommer, vegan

Menge: für ca. 330 g oder 2 Portionen
Zubereitungszeit: 40 Min.
Nährwerte pro EL (ca. 30 g): ca. 35 kcal, 0,8 g BS, 1 g E, 3 g F, 1 g KH
Haltbarkeit: mit Öl bedeckt sowie luftdicht und kühl gelagert ca. 5 Tage

Zutaten

1 Aubergine (ca. 250 g)
2–3 EL Olivenöl
1 Knoblauchzehe
2 EL Tahini (Sesampaste)
1 EL Zitronensaft
Salz, Pfeffer
1 EL Olivenöl
Zum Garnieren:
½ Bund gehackte Petersilie
1 EL Olivenöl

Zubereitung

1. Backofen auf 220 °C (Ober-/Unterhitze, Umluft nicht empfehlenswert) vorheizen. Ein Backblech mit Backpapier auslegen.

2. Aubergine waschen, trocknen, mit einer Gabel rundherum einstechen und dünn mit Öl einpinseln. Im heißen Ofen ca. 30 Minuten rösten, bis die Haut fast schwarz ist. Nach ca. 10 Minuten Knoblauch abziehen und auf das Blech geben. Anschließend Gemüse aus dem Ofen nehmen und abkühlen lassen.

3. Aubergine halbieren, Fruchtfleisch herauslöffeln und in einen Messbecher oder einen Mixer geben. Knoblauch, Tahini, Zitronensaft sowie Salz und Pfeffer zugeben. Alles so kurz wie möglich pürieren, bis eine streichbare Masse entsteht.

4. Masse abschmecken und sofort mit Petersilie und Öl garniert servieren. Alternativ Baba Ganoush in ein heiß ausgespültes Schraubglas geben, mit Öl bedecken, das Glas verschließen und kalt stellen.

INFO

Der Orientklassiker schmeckt auf Brot oder in größerer Menge als Mezze (Vorspeise) mit Oliven, Walnüssen, Hummus und getrockneten Datteln.

Grünkohl-Dattel-Creme

Kategorie: Vorrat, Winter, vegan

Menge: für ca. 220 g
Zubereitungszeit: 10 Min.
Nährwerte pro EL (ca. 30 g): ca. 95 kcal, 1,4 g BS, 0 g E, 8 g F, 5 g KH
Haltbarkeit: mit Öl bedeckt sowie luftdicht und kühl gelagert ca. 2 Wochen

Zutaten

3–4 Grünkohlblätter
½ Knoblauchzehe
5 Datteln
50 g Macadamianusskerne
Saft von ½ Zitrone
2–3 EL Olivenöl
Salz, Pfeffer

Zubereitung

1. Grünkohl waschen und putzen. Knoblauch abziehen. Datteln gegebenenfalls entsteinen.

2. Grünkohl, Knoblauch, Datteln, Macadamianusskerne, Zitronensaft, 2 EL Öl und 50 ml Wasser im Mixer oder mit dem Pürierstab so lange mixen, bis eine Creme entstanden ist. Für die gewünschte Konsistenz nach Bedarf noch etwas Öl hinzufügen.

3. Creme mit Salz und Pfeffer würzen und sofort servieren oder in ein heiß ausgespültes Schraubglas geben. Die Grünkohl-Dattel-Creme mit Öl bedecken, das Glas verschließen und kalt stellen.

Chia-Erdbeer-Aufstrich

Kategorie: Vorrat, Sommer, vegan

Menge: für 1 Glas (ca. 180 g)
Zubereitungszeit: 15 Min. + 30 Min. Quellzeit
Nährwerte pro EL (ca. 25 g): ca. 20 kcal, 1,4 g BS, 1 g E, 1 g F, 2 g KH
Haltbarkeit: luftdicht und kühl gelagert ca. 3 Tage

Zutaten

200 g Erdbeeren
2 EL Chiasamen

Zubereitung

1. Von den Erdbeeren Strunk entfernen. Erdbeeren waschen, putzen und grob schneiden und im Mixer oder mit dem Pürierstab fein mixen. Chiasamen unterrühren, Masse abdecken und im Kühlschrank 30 Minuten quellen lassen.

2. Masse erneut pürieren und sofort servieren oder in einem heiß ausgespülten Schraubglas im Kühlschrank aufbewahren.

TIPP

Die Erdbeeren können nach Belieben durch Heidelbeeren oder Himbeeren ersetzt werden. Der Aufstrich schmeckt auch gut mit etwas Bio-Limettenschale verfeinert.

Schokoaufstrich mit Nuss und Bohne

Kategorie: Vorrat, vegan

Menge: für ca. 450 g
Zubereitungszeit: 15 Min.
Nährwerte pro EL (ca. 25 g): ca. 45 kcal, 1,7 g BS, 2 g E, 2 g F, 5 g KH
Haltbarkeit: luftdicht und kühl gelagert ca. 5 Tage

Zutaten

1 Dose weiße Bohnen (240 g Abtropfgewicht)
100 g Soft-Datteln
30 g gemahlene Haselnüsse
20 g Haselnusskerne
2–3 EL Backkakao
½ TL Vanilleextrakt
50 ml Pflanzendrink
1 EL Rohrohrzucker (optional)

Zubereitung

1. Bohnen in ein Sieb abgießen, abspülen und abtropfen lassen. Bohnen im Mixer oder mit dem Pürierstab cremig mixen. Nach Bedarf peu à peu etwas Wasser nachgießen.

2. Datteln entsteinen. Datteln zusammen mit allen anderen Zutaten zu den Bohnen geben und so lange mixen, bis eine Creme entstanden ist. Nach Bedarf etwas Pflanzendrink hinzugeben und Zucker nach Belieben. Den Aufstrich sofort servieren oder in ein heiß ausgespültes Schraubglas geben, das Glas verschließen und kalt stellen.

INFO

Der Aufstrich ist eine gesunde und vegane Alternative zum Schokoaufstrich aus dem Supermarkt

Feigen-Ziegenfrischkäse mit Paranüssen

Kategorie: Sommer

Menge: für ca. 360 g
Zubereitungszeit: 10 Min.
Nährwerte pro EL (ca. 30 g): ca. 60 kcal, 0,8 g BS, 2 g E, 4 g F, 4 g KH
Haltbarkeit: luftdicht und kühl gelagert ca. 5 Tage

Zutaten

2 frische Feigen
3 getrocknete Feigen
50 g Paranusskerne oder Walnusskerne
150 g Ziegenfrischkäse
Zum Garnieren:
2 TL Sirup oder Honig
1 Zweig Thymian

Zubereitung

1. Die frischen Feigen waschen, putzen und sehr fein würfeln. Getrocknete Feigen fein würfeln. Nüsse klein hacken.

2. Frischkäse mit 1–2 EL Wasser glatt rühren. Feigen und Nüsse zugeben und vermengen.

3. Den Aufstrich nach Belieben sofort mit Sirup oder Honig und Thymian garniert servieren. Aufstrich alternativ in ein Schraubglas füllen und kühl aufbewahren.

BOWLS

▶ Süß

Lila Bowl

Kategorie: Sommer, Herbst, glutenfrei

Menge: für 1 Portion
Zubereitungszeit: 10 Min.
Nährwerte pro Portion: ca. 265 kcal, 11 g BS, 9 g E, 4 g F, 46 g KH

Zutaten

Für die Basis:
100 g Wildheidelbeeren (TK)
150 g Joghurt (Sahnejogurt oder Joghurt auf Pflanzenbasis)
1 Msp. Vanillemark
Für das Topping:
100 g blaue Weintrauben
1 Feige
2 EL Granola (z. B. Keimling-Granola, S. 47)

Zubereitung

1. Für die Basis Heidelbeeren, Joghurt und Vanillemark in einem Mixer oder mit dem Pürierstab pürieren und in eine Bowl füllen.

2. Trauben waschen und halbieren. Feige gut waschen und in Scheiben schneiden. Bowl mit Früchten und Granola dekorieren.

Frozen Banana Split Bowl

Kategorie: vegan, glutenfrei

Menge: für 1 Portion
Zubereitungszeit: 10 Min.
Nährwerte pro Portion: ca. 460 kcal, 12 g BS, 13 g E, 19 g F, 57 g KH

Zutaten

Für die Basis:
1 ½ Banane (gefroren, s. Tipp)
2 TL Erdnussmus
1 TL Backkakao
1 TL Chiasamen
100 ml Pflanzendrink
Für das Topping:
½ Banane
5–10 g Zartbitterschokolade
5 Erdnusskerne

Zubereitung

1. Für die Basis 1 ½ gefrorene Bananen antauen lassen und zusammen mit dem Erdnussmus, dem Backkakao, den Chiasamen und dem Pflanzendrink in einem Mixer oder mit einem Pürierstab cremig pürieren. In eine Schüssel umfüllen.

2. Für das Topping ½ Banane schälen. Banane in dünne Scheiben schneiden. Schokolade klein hacken. Erdnüsse ebenfalls klein schneiden. Creme mit dem Topping dekorieren.

Garten-Bowl regional

Kategorie: Sommer, vegan, glutenfrei

Menge: für 1 Portion
Zubereitungszeit: 40 Min.
Nährwerte pro Portion: ca. 507 kcal, 17 g BS, 16 g E, 28 g F, 48 g KH

Zutaten

40 g Amaranth
1 Apfel
30 g Walnusskerne
20 g Leinsamen
50 g Heidelbeeren
1–2 EL Sirup oder Honig nach Belieben

Zubereitung

1. Amaranth in einem Sieb abspülen, bis das Wasser klar bleibt. Die dreifache Menge an Wasser (120 ml) mit etwas Salz in einem Topf aufkochen lassen. Amaranth-Körner hinzugeben und kurz sprudelnd kochen lassen. Amaranth offen bei kleiner bis mittlerer Hitze ca. 25 Minuten leise weiterkochen lassen, bis er breiig ist. Topf vom Herd ziehen und Masse zugedeckt ca. 10 Minuten quellen lassen.

2. Inzwischen Apfel waschen und grob reiben. Walnüsse zerkleinern. Amaranth-Masse mit Apfel, Nüssen und Leinsamen in einer Schüssel vermengen.

3. Heidelbeeren waschen, verlesen und auf der Masse verteilen. Bowl nach Belieben süßen.

INFO

Amaranth hat nicht nur einen hohen Gehalt an Ballaststoffen, es steckt auch voller Eiweiß, darunter die Aminosäure Lysin, die mitunter an der Fettverbrennung beteiligt ist. Daneben strotzt das Pseudogetreide vor Magnesium und Calcium.

Grüne Bowl

Kategorie: vegan, glutenfrei

Menge: für 1 Portion
Zubereitungszeit: 15 Min.
Nährwerte pro Portion: ca. 495 kcal, 22 g BS, 14 g E, 31 g F, 37 g KH

Zutaten

Für die Basis:

1 Banane (gefroren, s. Tipp S. 75, Frozen Banana Bowl)
½ Avocado
150 g Babyspinat

Für das Topping:

1 Kiwi
50 g Himbeeren
10 Mandelkerne
2 TL Chiasamen

Zubereitung

1. Für die Basis gefrorene Banane antauen lassen und grob zerkleinern. Avocadohälfte vom Stein befreien, Fruchtfleisch mit einem Löffel aus der Schale heben und das Fruchtfleisch grob zerkleinern. 150 ml Wasser sowie Babyspinat hinzufügen und alles fein pürieren.

2. Für das Topping Kiwi schälen, längs halbieren und Hälften der Kiwi jeweils quer in dünne Scheiben schneiden. Himbeeren waschen, Mandeln grob zerkleinern. Gemeinsam mit den Chiasamen bilden die Kiwi, die Beeren und Mandeln ein dekoratives Topping für die Bowl.

TIPP

Avocados weisen eine ziemlich üble Ökobilanz auf. So wird zum Beispiel für den Anbau der Avocado enorm viel Wasser benötigt. Möchtest du dennoch nicht auf Avocados verzichten, kannst du zum Beispiel über Crowdfarming nachhaltig angebaute Avocados aus Europa kaufen und damit obendrein kleine Familienunternehmen unterstützen.

▶ Herzhaft

Pinke Bowl mit Rotkohl und Hummus

Kategorie: Winter, glutenfrei, Low Carb

Menge: für 1 Portion
Zubereitungszeit: 20 Min.
Nährwerte pro Portion: ca. 490 kcal, 7 g BS, 15 g E, 40 g F, 18 g KH

Zutaten

Für die Basis:
150 g Rotkohl
1–2 EL Olivenöl
Meersalz
Für das Topping:
½ Apfel
50 g Naturtofu
1 EL Pflanzenöl
Salz, Pfeffer
15 g gemischte Nüsse
3 EL Hummus (S. 68)
30 g Rote Bete in Scheiben (aus dem Glas)

Zubereitung

1. Für die Basis Rotkohl fein schneiden und mit Öl und etwas Salz in einer Schüssel vermischen.

2. Für das Topping Apfel waschen und putzen. Apfel und Tofu in 5 mm kleine Würfel schneiden. Öl in einer kleinen Pfanne erhitzen und Apfel- sowie Tofuwürfel darin 5–8 Minuten knusprig und goldbraun braten. Salzen und pfeffern. Nüsse hacken und in einer anderen Pfanne ohne Fettzugabe rösten, bis sie zu duften beginnen.

3. Zum Anrichten Hummus mittig auf den Rotkohl geben. Apfel-Tofu-Würfel, Nüsse und Rote-Bete-Scheiben darauf verteilen. Nach Belieben mit etwas Pfeffer bestreuen.

TIPP

Der Tofu kann nach Belieben durch Huhn, Pilze oder andere Eiweißquellen ersetzt werden.

Griechische Bowl mit Quinoa

Kategorie: Sommer

Menge: für 1 Portion
Zubereitungszeit: 20 Min.
Nährwerte pro Portion: ca. 560 kcal, 6 g BS, 17 g E, 40 g F, 32 g KH

Zutaten

Für die Basis:
40 g Quinoa
Salz
50 g Salatgurke
5 Stängel Petersilie
Saft von ½ Zitrone
2 EL Olivenöl
grobes Meersalz
Für das Topping:
1 große Tomate
4 Blätter Romana-Salat
3 EL Joghurt
Salz, Pfeffer
50 g Feta
5 schwarze Oliven
Nach Belieben:
½ gewürfelte Zwiebel

Zubereitung

1. Für die Basis Quinoa in einem Sieb abspülen, bis das Wasser klar bleibt. Mit 80 ml Salzwasser in einem Topf aufkochen und offen bei kleiner Hitze in ca. 15 Minuten leise weich kochen. Inzwischen Gurke waschen und in sehr feine Würfel schneiden. Petersilie waschen, trocken schütteln, Blättchen abzupfen und fein hacken. Alle Basiszutaten in eine Schüssel füllen, vermengen und mit Salz würzen.

2. Für das Topping Tomate waschen, putzen und in ca. 5 mm dünne Scheiben schneien. Salat zerzupfen waschen und trocken schleudern. Joghurt mit Salz und Pfeffer würzen. Feta klein würfeln.

3. Tomaten, Salat, Joghurt, Feta, Oliven und nach Belieben Zwiebelwürfel als Topping auf die Bowl geben.

TIPP

Quinoa gut abspülen, sonst können einzelne Körner nach dem Kochen bitter schmecken.

Orange Bowl mit gratiniertem Kürbis

Kategorie: Herbst, Winter

Menge: für 1 Portion
Zubereitungszeit: 30 Min.
Nährwerte pro Portion: ca. 620 kcal, 9 g BS, 18 g E, 38 g F, 49 g KH

Zutaten

Für die Basis:

50 g Bulgur
Salz
½ Bio-Limette
1 EL Olivenöl

Für das Topping:

100 g Hokkaidokürbis
30 g Ziegenkäserolle
2 Stängel Salbei
1 TL Honig
1 TL Olivenöl
50 g Blattspinat oder Feldsalat
15 g Walnusskerne
50 g Joghurt

Zubereitung

1. Für die Basis Bulgur in einem Sieb abspülen, bis das Wasser klar bleibt. Bulgur in eine Schüssel geben. Mit 50 ml kochendem Salzwasser übergießen und 15 Minuten quellen lassen (nicht abdecken). Von der Limette die Schale abreiben und die Limette auspressen. Fertigen Bulgur mit Limettensaft- und -schale sowie Olivenöl vermengen. Mit Salz würzen.

2. Für das Topping Backofen auf 170 °C (Ober-/Unterhitze, Umluft 155 °C) vorheizen. Inzwischen Kürbis waschen, mit Schale in Spalten schneiden und in eine Auflaufform geben. Ziegenkäse in Scheiben schneiden und auf dem Kürbis verteilen. Salbeiblätter von den Stängeln zupfen, waschen und trocken schleudern. Je 1 Blatt Salbei auf die Ziegenkäsescheiben legen und mit etwas Honig und Öl beträufeln. Im heißen Ofen ca. 12 Minuten backen.

3. Zwischenzeitlich Spinat oder Salat waschen und trocken schleudern. Bowl mit dem vorbereiteten Topping, gehackten Nüssen und Joghurt anrichten.

Mango-Caprese-Bowl mit Wildreis

Kategorie: glutenfrei

Menge: für 1 Portion
Zubereitungszeit: 30 Min.
Nährwerte pro Portion: ca. 645 kcal, 5 g BS, 28 g E, 40 g F, 42 g KH

Zutaten

Für die Basis:
50 g Wildreis (Vollkorn)
Salz
Für das Topping:
1 kleine reife Mango
3 Stängel Basilikum
1 Kugel Burrata oder Mozzarella
4 Stängel Basilikum
Meersalz
2 TL Olivenöl

Zubereitung

1. Für die Basis Reis nach Anleitung in Salzwasser garen und leicht abkühlen lassen. Reis in eine Schüssel füllen.

2. Für das Topping Mango schälen, Fruchtfleisch vom Stein schneiden und Mango in dünne Scheiben schneiden. Basilikumstiele waschen, trocken schleudern und Blättchen abzupfen. Mango auf den Reis in der Schüssel legen. Darauf Burrata mittig anrichten, mit Kräutern und Meersalz bestreuen sowie mit Olivenöl beträufeln.

TIPP

Isst du gerne Wildreis? Dann solltest du mal nach den unterschiedlichen Sorten Ausschau halten. Zizania- oder Jasmin-Vollkornreis eignet sich gut für dieses Rezept.

Rainbow-Poké-Bowl

Kategorie: glutenfrei

Menge: für 1 Portion
Zubereitungszeit: 35 Min.
Nährwerte pro Portion: ca. 640 kcal, 14 g BS, 35 g E, 42 g F, 30 g KH

Zutaten

Für die Basis:
100 g Wildreis
Für die Poké:
100 g Lachsfilet (Sushi-Qualität) oder Seidentofu
½ TL Sesam
1 Frühlingszwiebel
2 EL Sojasauce
1 ½ EL Sesamöl
2 EL Limettensaft
Für das Topping:
50 g Salatgurke
50 g Rotkohl
½ Möhre
½ Avocado
½ Nori-Blatt (Algenblatt)
20 g Edamame-Bohnen (ausgelöst)
Nach Belieben:
Ingwer

Zubereitung

1. Für die Basis Reis nach Anleitung in Salzwasser garen und leicht abkühlen lassen. Reis in eine Schüssel füllen.

2. Für die Poké Lachs oder Seidentofu ca. 1 cm groß würfeln. Sesam in einer kleinen Pfanne ohne Fettzugabe rösten, bis er zu duften beginnt. Frühlingszwiebel waschen, putzen und in feine Ringe schneiden. Lachs/Seidentofu mit Frühlingszwiebeln, Öl und Saft in eine Schüssel geben und gut vermengen. Im Kühlschrank ziehen lassen.

3. Für das Topping in der Zwischenzeit Gurke waschen und klein würfeln. Rotkohl in feine Streifen schneiden. Möhre schälen und fein schneiden. Avocadohälfte vom Stein befreien, Fruchtfleisch mit einem Löffel aus der Schale heben und in feine Scheiben schneiden. Nori-Blatt mit einer Küchenschere in feine Streifen schneiden.

4. Den marinierten Lachs oder Seidentofu auf den Reis in der Schüssel geben. Gurke, Rotkohl, Möhre Avocado, Nori-Blatt-Streifen und Edamame-Bohnen dekorativ auf dem marinierten Lachs oder Seidentofu verteilen.

5. Nach Belieben Ingwer schälen und reiben und auf die Bowl geben.

EINTÖPFE UND SUPPEN

Brokkolisuppe

Kategorie: glutenfrei, Low Carb

Menge: für 2 Portionen
Zubereitungszeit: 20 Min.
Nährwerte pro Portion: ca. 170 kcal, 7 g BS, 8 g E, 11 g F, 10 g KH

Zutaten

Für die Suppe:
1 Zwiebel
1 Knoblauchzehe
1 kleiner Brokkoli
1 EL Olivenöl
400 ml Gemüsebrühe
50 ml Pflanzendrink (z. B. Sojadrink)
Salz

Für das Topping (optional):
Minze
Kresse
30 g TK-Erbsen
2 TL Sesam
2 EL Speckwürfel

Als Beilage (optional):
2 Scheiben Vollkornbrot

Zubereitung

1. Für die Suppe Zwiebel und Knoblauch abziehen und fein würfeln. Brokkoli waschen und in Röschen teilen, Stiel schälen und würfeln.

2. Öl in einem Topf erhitzen. Zwiebeln und Knoblauch darin bei mittlerer Hitze in 3–5 Minuten glasig dünsten. Brokkoli zugeben, kurz rösten. Gemüse mit Gemüsebrühe und Pflanzendrink aufgießen und bei kleiner bis mittlerer Hitze 10–12 Minuten leise kochen lassen. Suppe pürieren und mit Salz würzen.

3. Das Topping nach Geschmack wählen. Minze und Kresse hacken, Erbsen blanchieren. Sesam in einer Pfanne ohne Fettzugabe rösten, bis er duftet. Speck in einer Pfanne ohne Fettzugabe auslassen.

4. Suppe auf Schalen verteilen und nach Belieben mit den Toppings garnieren. Dazu schmeckt Vollkornbrot.

Topinambursuppe mit Gemüsechips

Kategorie: vegan, glutenfrei, Low Carb

Menge: für 2 Portionen
Zubereitungszeit: 35 Min.
Nährwerte pro Portion: ca. 320 kcal, 18 g BS, 6 g E, 28 g F, 11 g KH

Zutaten

250 g Topinambur
½ Zwiebel
1 Knoblauchzehe
2–3 EL Olivenöl
300 ml Gemüsebrühe
100 ml Hafer-Cuisine oder Sahne
1 Lorbeerblatt
Salz, Pfeffer
5 Blättchen Basilikum

Zubereitung

1. 200 g Topinambur schälen und grob würfeln. Zwiebel und Knoblauch abziehen und fein würfeln.

2. 1 EL Öl in einer Pfanne erhitzen. Zwiebeln und Knoblauch darin bei mittlerer Hitze in 3–5 Minuten glasig dünsten. Topinamburwürfel zugeben, kurz rösten. Mit Gemüsebrühe und Hafer-Cuisine oder Sahne aufgießen, Lorbeerblatt zugeben und einmal aufkochen lassen. Dann bei kleiner bis mittlerer Hitze 15–20 Minuten leise kochen lassen. Suppe pürieren und mit Salz und Pfeffer würzen.

3. Inzwischen übrigen Topinambur waschen und mit Schale in hauchdünne Scheiben schneiden oder hobeln. 1–2 EL Olivenöl in einer Pfanne erhitzen und Topinamburscheiben darin bei mittlerer Hitze zu knusprigen Gemüsechips braten. Anschließend herausnehmen und auf Küchenpapier abtropfen lassen. Basilikumblättchen waschen.

4. Suppe in Schalen anrichten und mit Gemüsechips sowie Basilikumblättchen garnieren.

TIPP

Topinambur strotzt mit 12,5 g pro 100 g vor Ballaststoffen, besonders aber vor Inulin. Topinambur wird deswegen gerne als „Diabetiker-Kartoffel" bezeichnet. Die nussig schmeckende Knolle liegt zwischen Oktober und April auf den Gemüseauslagen der Wochenmärkte und ist nur wenige Tage haltbar.

Schwarzwurzelsuppe mit Pumpernickelcrunch

Kategorie: vegan

Menge: für 2 Portionen
Zubereitungszeit: 40 Min.
Nährwerte pro Portion: ca. 410 kcal,15 g BS, 4 g E, 28 g F, 30 g KH

Zutaten

3 TL Weißweinessig
400 g Schwarzwurzeln
100 g Kartoffeln
1 Zwiebel
3 EL Pflanzenöl
500 ml Gemüsebrühe
60 ml Hafer-Cuisine oder Sahne
Salz, Pfeffer
1–2 EL Zitronensaft
Muskat
1 ½ Scheiben Pumpernickel
1 Prise Zucker

Zubereitung

1. In einer Schüssel Essig mit ca. 500 ml Wasser mischen. Schwarzwurzeln waschen, abbürsten, schälen und klein schneiden (Küchenhandschuhe tragen!). Schwarzwurzeln sofort ins Essigwasser legen, damit sie sich nicht verfärben. Kartoffeln schälen und waschen. Zwiebel abziehen und fein würfeln.

2. In einem Topf 2 EL Pflanzenöl erhitzen. Zwiebelwürfel darin bei mittlerer Hitze in 3–5 Minuten glasig dünsten. Schwarzwurzeln abgießen, zusammen mit den Kartoffeln zu den Zwiebeln geben und kurz rösten. Mit Gemüsebrühe und Hafer-Cuisine oder Sahne aufgießen und einmal aufkochen lassen. Alles bei kleiner bis mittlerer Hitze ca. 30 Minuten leise kochen lassen. Die Suppe anschließend fein pürieren und mit Salz, Pfeffer, Zitronensaft und Muskat würzen.

3. Inzwischen 1 EL Öl in einer Pfanne erhitzen. Pumpernickel grob zerkrümeln, mit Zucker bestreuen und knusprig braten. Crunch salzen.

4. Suppe auf Tellern anrichten und mit dem Crunch bestreut servieren.

TIPP

Schwarzwurzeln haben gegart mit 18,3 g Ballaststoffen pro 100 g einen enorm hohen Gehalt an unverdaulichen Fasern.

Weiße-Bohnen-Suppe albanischer Art

Kategorie: glutenfrei

Menge: für 2 Portionen
Zubereitungszeit: 90 Min. + 12 Std. Einweichzeit
Nährwerte pro Portion: ca. 155 kcal, 8,5 BS, 10 g E, 4 g F, 20 g KH

Zutaten

- 200 g getrocknete weiße Bohnen
- 1 kleine Zwiebel
- 1 TL Pflanzenöl
- 1 TL Paprikapulver edelsüß
- Chiliflocken (optional)
- Mehl zum Bestäuben
- Salz, Pfeffer
- 1 Klecks Sahne

Zubereitung

1. Am Vortag Bohnen in Wasser einweichen (mindestens 12 Stunden). Am nächsten Tag Bohnen abgießen, in einen Topf geben und mit so viel Salzwasser aufgießen, dass sie ca. 2–3 cm bedeckt sind. Bei kleiner bis mittlerer Hitze in 45–60 Minuten weich garen. Dann Topf vom Herd ziehen.

2. Zwiebel abziehen und fein würfeln. In einer Pfanne Öl erhitzen. Zwiebel darin bei mittlerer Hitze in 3–5 Minuten glasig dünsten. Mit Paprikapulver, Chiliflocken (optional) und wenig Mehl bestäuben und mit etwas Bohnenkochwasser ablöschen. Das Ganze zu den Bohnen in den Topf geben. Suppe mit Salz und Pfeffer würzen und ca. 30 Minuten bei kleiner Hitze weiterkochen lassen.

3. Suppe auf den Teller geben und mit einem Klecks Sahne garniert servieren.

TIPP

Hülsenfrüchte wie Bohnen enthalten eine Menge Ballaststoffe. Weiße Bohnen etwa bergen enorm viele unlösliche Ballaststoffe in sich. Wer sich Zeit sparen möchte, kann vorgegarte weiße Bohnen aus der Dose (Füllgewicht 400 g) verwenden.

Vegane Ramen-Suppe mit Zoodles

Kategorie: vegan, Low Carb

Menge: für 2 Portionen
Zubereitungszeit: 45 Min.
Nährwerte pro Portion: ca. 205 kcal, 9 g BS, 8 g E, 11 g F, 19 g KH

Zutaten

2–3 getrocknete Shiitake-Pilze (oder Steinpilze)
100 g frische Pilze (z. B. Champignons)
2 Frühlingszwiebeln
½ kleine Chilischote
1 Knoblauchzehe
1 Stück Ingwer (2 cm)
1 ½ Zucchini
1 Möhre
50 g Rotkohl
1 EL Pflanzenöl
500 ml Gemüsebrühe
1 EL Sojasauce
1 TL Miso-Paste
½ TL Zucker
Korianderblättchen zum Garnieren
Sesam zum Garnieren
Für die Einlage (optional):
200 g Tofu
8 Garnelen

Zubereitung

1. Getrocknete Pilze in einer Schale mit 125 ml kochend heißem Wasser übergießen und ca. 20 Minuten einweichen lassen. Danach herausnehmen und klein schneiden, Einweichwasser beiseitestellen.

2. Inzwischen frische Pilze putzen und in feine Scheiben schneiden. Frühlingszwiebeln waschen, putzen und in feine Ringe schneiden. Chilischote waschen, putzen, Kerne nach Belieben entfernen und fein schneiden. Knoblauch abziehen und zerdrücken. Ingwer schälen und fein reiben. Zucchini und Möhren waschen, putzen und mit einem Spiralschneider oder einem Sparschäler in Nudelform schneiden. Rotkohl waschen und in feine Streifen schneiden.

3. Öl in einem Topf erhitzen. Champignons darin bei mittlerer bis starker Hitze ca. 5 Minuten anbraten. Frühlingszwiebelringe, Chilischote, Knoblauch und Ingwer zugeben und ca. 2 Minuten mitbraten. Eingeweichte Pilze zugeben und anbraten. Das Einweichwasser durch ein Sieb hinzugießen.

4. Alles mit Gemüsebrühe aufgießen, Sojasauce, Miso-Paste und Zucker zugeben und aufkochen lassen. Die Suppe zugedeckt bei kleiner bis mittlerer Hitze ca. 10 Minuten leise kochen lassen. Gemüsenudeln zugeben und 3–4 Minuten weitergaren.

5. Suppe abschmecken, auf Schüsseln verteilen und mit Rotkohl, Koriander und Sesam garnieren. Nach Belieben Tofu oder Garnelen braten und in die Suppe geben.

Orientalischer Linseneintopf mit Grünkohl und Granatapfel

Kategorie: vegan, glutenfrei

Menge: für 2–3 Portionen
Zubereitungszeit: 55 Min.
Nährwerte pro Portion (bei 3 Portionen):
ca. 410 kcal, 18 g BS, 20 g E, 15 g F, 49 g KH

Zutaten

200 g Grünkohl
100 g Knollensellerie
1 Zwiebel
1 Knoblauchzehe
1 Dose Kichererbsen (Abtropfgewicht 240 g)
2 EL Olivenöl
1 TL Tomatenmark
1 TL Paprikapulver
100 g Berglinsen
700 ml Gemüsebrühe
Salz, Pfeffer
½ Granatapfel
2–3 Stängel Minze

Zubereitung

1. Grünkohl putzen, waschen und in mundgerechte Stücke schneiden. Sellerie schälen, putzen und in ca. 5 mm kleine Würfel schneiden. Zwiebel und Knoblauch abziehen und fein würfeln. Kichererbsen in einem Sieb abtropfen lassen.

2. 1 EL Öl in einem Topf erhitzen. Grünkohl darin bei starker Hitze unter Rühren 3–4 Minuten anbraten und herausnehmen. Erneut 1 EL Öl im Topf erhitzen. Sellerie, Zwiebeln und Knoblauch darin bei mittlerer Hitze in ca. 5 Minuten glasig dünsten. Tomatenmark und Paprikapulver zugeben, kurz anrösten. Grünkohl, Linsen und Gemüsebrühe zugeben und alles bei mittlerer Hitze 20 Minuten zugedeckt garen. Dann Kichererbsen zugeben und Eintopf weitere 20 Minuten kochen lassen. Mit Salz und Pfeffer würzen.

3. Inzwischen vom Granatapfel die Kerne auslösen. Minze waschen, trocken schütteln, Blättchen abzupfen und fein schneiden. Eintopf abschmecken und mit Granatapfelkernen und Minze garnieren.

Bärlauch-Dinkel-Flädle-Suppe

Kategorie: Frühling

Menge: für 2 Portionen
Zubereitungszeit: 35 Min.
Nährwerte pro Portion: ca. 365 kcal, 9 g BS, 14 g E, 16 g F, 40 g KH

Zutaten

Für die Flädle:

1 Ei
50 ml Pflanzendrink oder Milch
Salz
100 g Dinkelvollkornmehl
½ Bund Bärlauch
2–3 TL Pflanzenöl zum Ausbacken

Für die Suppe:

600 ml Gemüsebrühe
1 Möhre

Zubereitung

1. Für die Flädle in einem Messbecher Ei und Pflanzendrink oder Milch verrühren. Mit Salz würzen. Mehl mit einem Schneebesen nach und nach unterrühren und so lange weiterrühren, bis ein glatter und klümpchenfreier Teig entstanden ist. Bärlauch waschen, trocken schütteln, Blätter abzupfen und in Streifen schneiden. Kurz mit dem Teig vermengen.

2. 1 TL Öl in einer beschichteten Pfanne bei starker Hitze erhitzen. 1 Schöpfkelle Teig hineingeben, Pfanne schwenken, sodass sich der Teig gut in der Pfanne verteilt. Flädle von beiden Seiten ca. 1 Minute ausbacken, aus der Pfanne nehmen, einrollen und abkühlen lassen. Mit dem restlichen Teig ebenso verfahren. Ausgebackene Flädle in schmale Streifen schneiden.

3. Gemüsebrühe in einem Topf langsam erwärmen. Möhre schälen, putzen, fein schneiden und in der Suppe ca. 8 Minuten weich garen. Suppe auf Schalen verteilen, Flädle hineingeben und servieren.

TIPP

Ist kein Bärlauch verfügbar, schmeckt auch Petersilie oder Spinat ganz wunderbar.

Brotsuppe

Kategorie: Herbst

Menge: für 2 Portionen
Zubereitungszeit: 20 Min.
Nährwerte pro Portion: ca. 410 kcal, 6 g BS, 11 g E, 29 g F, 28 g KH

Zutaten

1 Zwiebel
100 g Vollkornbrot (vom Vortag)
3 EL Pflanzenöl
500 ml
1 Eigelb
50 g saure Sahne
Salz, Pfeffer
2 Stängel Petersilie

Zubereitung

1. Zwiebel abziehen und fein würfeln. Brot in feine Würfel schneiden. Öl in einem Topf erhitzen. Zwiebel- und Brotwürfel darin bei mittlerer bis starker Hitze 8–10 Minuten anrösten. Mit Brühe aufgießen und aufkochen lassen.

2. Eigelb und saure Sahne verquirlen. Topf vom Herd ziehen und Ei-Sauerrahm-Mix unter die Suppe rühren. Petersilie hacken. Suppe mit Salz und Pfeffer würzen und mit Petersilie bestreut servieren.

TIPP

Ein tolles Rezept, um altes Brot zu verwerten. Jährlich werden in Deutschland übrigens rund 500.000 Tonnen Brot weggeworfen.

MEAL-PREP-SAUCEN

Linsen-Bolo

Kategorie: Vorrat, vegan, glutenfrei

Menge: für 2 Gläser (à ca. 500 ml)
Zubereitungszeit: 50 Min.
Nährwerte pro Portion (100 g): ca. 115 kcal, 5,8 BS, 12 g E, 11 g F, 8 g KH
Haltbarkeit: trocken und dunkel gelagert ca. 1 Woche. Damit die Sauce ein Jahr haltbar bleibt, verschlossene Gläser im heißen Wasserbad 25 Minuten bei 80 °C einkochen.

Zutaten

1 Zwiebel
2 Knoblauchzehen
2 Möhren
100 g Staudensellerie
150 g Pilze (z. B. Champignons)
15 g getrocknete Tomaten
2 EL Olivenöl
½ TL Fenchelsaat
150 g rote Linsen
1 Dose passierte Tomaten (400 g)
200 ml Gemüsebrühe (ggf. etwas mehr)
3–4 TL getrockneter Thymian
2 TL Chilipulver
Zucker
Salz, Pfeffer

Zubereitung

1. Zwiebel und Knoblauch abziehen und fein würfeln. Möhren schälen, putzen und in ca. 5 mm kleine Würfel schneiden. Sellerie waschen, putzen und in dünne Halbmonde schneiden. Pilze putzen und fein würfeln. Getrocknete Tomaten hacken.

2. Öl in einem Topf erhitzen. Fenchelsaat kurz darin rösten, bis sie duftet. Zwiebeln und Knoblauch zugeben bei mittlerer bis starker Hitze in ca. 3 Minuten glasig dünsten. Möhren, Sellerie, Pilze und getrocknete Tomaten zugeben und weitere 5 Minuten anbraten.

3. Linsen, Dosentomaten, Gemüsebrühe und Gewürze zugeben und alles bei kleiner Hitze zugedeckt ca. 25 Minuten leise kochen lassen. Gegebenenfalls noch etwas Gemüsebrühe aufgießen. Linsen-Bolo kräftig abschmecken und sogleich servieren oder in heiß ausgespülte Schraubgläser füllen und das Glas sofort verschließen.

INFO

Ich liebe die Bolo scharf und koche sie mit zwei Chilischoten auf.

Erbsensauce

Kategorie: Vorrat, glutenfrei

Menge: für 1 Glas (600 ml)
Zubereitungszeit: 20 Min.
Nährwerte pro Portion (100 g): ca. 185 kcal, 2,8 g BS, 7 g E, 14 g F, 9 g KH
Haltbarkeit: trocken und dunkel gelagert ca. 4 Tage. Damit die Sauce ein Jahr haltbar bleibt, verschlossene Gläser im heißen Wasserbad 25 Minuten bei 80 °C einkochen.

Zutaten

1 Zwiebel
2 Knoblauchzehen
1 EL Olivenöl
300 g TK-Erbsen
200 g Crème fraîche
100 g Ziegenfrischkäse
Salz, Pfeffer

Zubereitung

1. Zwiebel und Knoblauch abziehen und fein würfeln. Öl in einem Topf erhitzen. Zwiebeln und Knoblauch darin bei mittlerer bis starker Hitze 3–5 Minuten glasig dünsten.

2. Erbsen zugeben, mit ca. 100 ml Wasser aufgießen und ca. 5 Minuten kochen lassen. Crème fraîche unterrühren. Alles fein pürieren. Dann Ziegenkäse unterrühren. Erbsensauce mit Salz und Pfeffer würzen und sogleich servieren oder in ein heiß ausgespültes Schraubglas füllen und das Glas sofort verschließen.

TIPP

Die Sauce kann während des Aufwärmens z. B. mit frischem Ziegenkäse und Minze oder mit Schinken und Petersilie verfeinert werden.

Pilzrahmsauce

Kategorie: Vorrat, Herbst, vegan, glutenfrei

Menge: für 1 Glas (600 ml)
Zubereitungszeit: 20 Min.
Nährwerte pro Portion (100 g): ca. 120 kcal, 3,8 BS, 3 g E, 11 g F, 3 g KH
Haltbarkeit: trocken und dunkel gelagert ca. 4 Tage. Damit die Sauce ein Jahr haltbar bleibt, verschlossene Gläser im heißen Wasserbad 25 Minuten bei 80 °C einkochen.

Zutaten

1 Zwiebel
2 Knoblauchzehen
300 g Pilze (nach Saison, z. B. Steinpilze oder Pfifferlinge)
2 EL Pflanzenöl
100 ml Gemüsebrühe
150 ml Hafer-Cuisine oder Sahne
3 Stängel Petersilie
Salz, Pfeffer

Zubereitung

1. Zwiebel und Knoblauch abziehen und fein würfeln. Pilze putzen und zerkleinern.

2. Öl in einem Topf erhitzen. Pilze darin bei starker Hitze ca. 5 Minuten braten, dann Zwiebel und Knoblauch zugeben und weitere 3 Minuten braten. Mit Brühe aufgießen, dann Hafer-Cuisine oder Sahne zugießen und 8–10 Minuten leise einkochen lassen.

3. Petersilie waschen, trocken schütteln, Blättchen abzupfen und fein schneiden. Petersilie unter die Sauce rühren. Sauce mit Salz und Pfeffer würzen und sofort servieren oder in ein heiß ausgespültes Schraubglas füllen und das Glas sofort verschließen.

Feldsalatpesto

Kategorie: Vorrat, Winter, vegan, glutenfrei

Menge: für 1 Glas (250 ml)
Zubereitungszeit: 10 Min.
Nährwerte pro Portion (30 g): ca. 140 kcal, 0,6 g BS, 1 g E, 15 g F, 0 g KH
Haltbarkeit: Wird das Pesto nach jedem Verwenden vollständig mit Olivenöl bedeckt, hält es ca. ein Jahr.

Zutaten

100 g Feldsalat
1 Knoblauchzehe
40 g Pinienkerne
100 ml Olivenöl (ggf. etwas mehr)
½ TL Salz
Pfeffer

Zubereitung

1. Feldsalat waschen, verlesen und trocken schleudern. Knoblauch abziehen. Pinienkerne in einer Pfanne ohne Fettzugabe rösten, bis sie zu duften beginnen. Alle Zutaten im Mixer oder im Messbecher mit dem Pürierstab fein mixen, gegebenenfalls Öl zugießen.

2. Pesto mit Salz und Pfeffer würzen und entweder sogleich servieren oder in ein heiß ausgespültes Schraubglas füllen und das Glas sofort verschließen.

TIPP

Das Pesto ist eine super Grundlage für Brot oder Pasta. Feldsalat kann nach Belieben 1 : 1 durch Rucola ersetzt werden.

Wurzelgemüsesauce

Kategorie: Vorrat, vegan, glutenfrei

Menge: für 2 Gläser (à 500 g)
Zubereitungszeit: 30 Min.
Nährwerte pro Portion (100 g): ca. 65 kcal, 2,5 g BS, 1 g E, 3 g F, 6 g KH
Haltbarkeit: trocken und dunkel gelagert ca. 1 Woche. Damit die Sauce ein Jahr haltbar bleibt, verschlossene Gläser im heißen Wasserbad 25 Minuten bei 80 °C einkochen.

Zutaten

- 2 Zwiebeln
- 3 Möhren
- 2 Pastinaken
- 100 g Kohlrübe
- 2 Zweige Thymian
- 2 EL Pflanzenöl
- 100 ml Weißwein
- 500 ml Gemüsebrühe
- Salz, Pfeffer

Zubereitung

1. Zwiebeln abziehen und fein würfeln. Möhren, Pastinaken und Kohlrübe schälen und klein würfeln. Thymian waschen, Blättchen abzupfen und hacken.

2. Öl in einem Topf erhitzen. Zwiebeln darin bei mittlerer Hitze in ca. 5 Minuten glasig dünsten. Wurzeln und Thymian zugeben und 6–8 Minuten bei mittlerer bis starker Hitze braten. Mit Wein ablöschen, kurz einkochen lassen, dann mit Brühe aufgießen und ca. 20 Minuten einkochen lassen, bis die Wurzeln weich sind.

3. Sauce pürieren, kräftig abschmecken und sogleich servieren oder in ein heiß ausgespültes Schraubglas füllen und das Glas sofort verschließen.

TIPP

Die Sauce kann während des Aufwärmens z. B. mit Feta und frischem Basilikum oder mit Oliven und Ziegenkäse verfeinert werden.

Steinpilzpesto

Kategorie: Vorrat, glutenfrei

Menge: für 1 Glas (420 ml)
Zubereitungszeit: 30 Min.
Nährwerte pro Portion (30 g): ca. 90 kcal, 3 g BS, 3 g E, 8 g F, 3 g KH
Haltbarkeit: Wird das Pesto nach jedem Verwenden vollständig mit Olivenöl bedeckt, hält es sich ca. ein Jahr.

Zutaten

80 g getrocknete Steinpilze
1 Zwiebel
100 ml Olivenöl oder Rapsöl
30 g Erdnusskerne
50 g Parmesan oder Hefeflocken
1 Bio-Zitrone
Salz, Pfeffer

Zubereitung

1. Pilze in einer Schale mit kochend heißem Wasser übergießen, bis sie bedeckt sind und 15–20 Minuten einweichen lassen. Zwiebel abziehen und fein würfeln. Pilze aus dem Einweichwasser (das Einweichwasser aufbewahren!) nehmen und klein schneiden. 1–2 EL Öl in einer Pfanne erhitzen. Zwiebeln und Pilze kurz anbraten. Einweichwasser hinzugeben und köcheln lassen, bis die Flüssigkeit verdampft ist.

2. Nüsse grob hacken und nach Belieben in einer Pfanne ohne Fettzugabe anrösten, bis sie zu duften beginnen. Parmesan reiben. Zitrone waschen und trocken reiben, von der Zitrone ½ TL Schale fein abreiben und Zitrone auspressen. Alle Zutaten im Mixer oder im Messbecher mit dem Pürierstab fein mixen, gegebenenfalls Öl zugießen.

3. Pesto mit Salz und Pfeffer würzen und entweder sogleich servieren oder in ein heiß ausgespültes Schraubglas füllen und das Glas sofort verschließen.

Walnusspesto

Kategorie: Vorrat, vegan, glutenfrei

Menge: für 1 Glas (300 ml)
Zubereitungszeit: 10 Min.
Nährwerte pro Portion (30 g): ca. 230 kcal, 0,9 g BS, 2 g E, 24 g F, 2 g KH
Haltbarkeit: Wird das Pesto nach jedem Verwenden vollständig mit Olivenöl bedeckt, hält es sich ca. ein Jahr.

Zutaten

150 g Walnusskerne
1 Knoblauchzehe
150 ml Olivenöl (ggf. etwas mehr)
½ TL Salz
Pfeffer

Zubereitung

1. Walnüsse grob hacken und in einer Pfanne ohne Fettzugabe rösten, bis sie zu duften beginnen. Walnüsse herausnehmen und auskühlen lassen. Knoblauch abziehen und fein würfen. Alle Zutaten im Mixer oder im Messbecher mit dem Pürierstab fein mixen. Gegebenenfalls noch etwas Öl für die gewünschte Konsistenz zugeben.

2. Pesto mit Salz und Pfeffer würzen und entweder sogleich servieren oder in ein heiß ausgespültes Schraubglas füllen und das Glas sofort verschließen.

TIPP

Das Pesto ist auch als Füllung für Schweinefleisch ein Traum.

Pistazien-Maronen-Pesto

Kategorie: Vorrat, vegan, glutenfrei

Menge: für 1 Glas (240 ml)
Zubereitungszeit: 10 Minuten
Nährwerte pro Portion (30 g): ca. 130 kcal, 2 g BS, 2 g E, 10 g F, 9 g KH
Haltbarkeit: Wird das Pesto nach jedem Verwenden vollständig mit Olivenöl bedeckt, hält es sich ca. ein Jahr.

Zutaten

1 Knoblauchzehe
150 g vakuumierte gegarte Maronen
50 g Pistazienkerne
50 ml Olivenöl (ggf. etwas mehr)
½ TL Salz
Pfeffer

Zubereitung

1. Knoblauch abziehen und grob schneiden. Alle Zutaten im Mixer oder im Messbecher mit dem Pürierstab fein mixen. Gegebenenfalls noch etwas Öl für die gewünschte Konsistenz zugeben.

2. Pesto mit Salz und Pfeffer würzen und entweder sogleich servieren oder in ein heiß ausgespültes Schraubglas füllen und das Glas sofort verschließen.

TIPP

Das Pesto kann gesüßt und mit neutralem Öl wunderbar auch als süßer Brotaufstrich verwendet werden.

HAUPTSPEISEN

Bohnencurry mit Schwarzkohl

Kategorie: vegan, glutenfrei, Low Carb

Menge: für 2 Portionen
Zubereitungszeit: 30 Min.
Nährwerte pro Portion: ca. 95 kcal, 7,5 BS, 8 g E, 1 g F, 14 g KH

Zutaten

1 kleine Zwiebel
1 Knoblauchzehe
2 Tomaten
50 g Schwarzkohl
1 Dose Kidneybohnen (Abtropfgew. 200 g)
1–2 EL Öl
100 ml Kokosmilch
Salz
1–2 TL Garam Masala
½ TL Kreuzkümmel
½ TL Paprikapulver
gehackte Korianderblättchen (optional)

Zubereitung

1. Zwiebel und Knoblauch abziehen und fein würfeln. Tomaten waschen und den Stielansatz entfernen. Tomaten in ca. 5 mm kleine Würfel schneiden. Kohl waschen, Rippen entfernen und den Kohl in mundgerechte Stücke zupfen. Bohnen in einem Sieb abgießen, abspülen und abtropfen lassen.

2. Öl in einem Topf erhitzen. Zwiebeln und Knoblauch darin bei mittlerer Hitze in ca. 5 Minuten glasig dünsten. Tomaten und Kohl zugeben, 5–8 Minuten anrösten. Mit Kokosmilch und 70 ml Wasser aufgießen. Aufkochen lassen und ca. 5 Minuten weiterkochen lassen. Bohnen und Gewürze zugeben und weitere 10 Minuten einkochen lassen. Curry abschmecken und nach Belieben mit Koriander bestreuen.

TIPP

Dazu passt Wildreis oder Vollkornbrot.

Ganzer Blumenkohl

Kategorie: vegan, Low Carb

Menge: für 2 Portionen
Zubereitungszeit: 50 Min.
Nährwerte pro Portion: ca. 600 kcal, 11 g BS, 13 g E, 52 g F, 22 g KH

Zutaten

Salz
1 EL gemahlene Kurkuma (optional)
1 kleiner Blumenkohl (ca. 400 g)
8 EL Olivenöl
Pfeffer
8 EL Vollkornbrotkrümel
4 EL Feldsalatpesto (S. 98)
200 g Sojajoghurt

Zubereitung

1. Backofen auf 180 °C Ober-/Unterhitze (Umluft 160 °C) vorheizen. Reichlich Salzwasser in einem Topf aufkochen, nach Belieben Kurkuma hinzugeben.

2. Blumenkohl waschen, Stiel so abschneiden, dass der Blumenkohlkopf stabil steht. Blumenkohlkopf im kochenden Salzwasser 3–4 Minuten kochen, herausheben und in eine Auflaufform setzen. Mit 4 EL Olivenöl bepinseln, salzen und pfeffern. Im heißen Ofen 30–40 Minuten weich und goldbraun backen.

3. Inzwischen 4 EL Öl in einer Pfanne erhitzen und Brotkrümel darin anrösten. Blumenkohl aus dem Ofen nehmen, in Tortenstücke schneiden und mit Bröseln, Pesto sowie nach Belieben mit Joghurt servieren.

TIPP

Die Blumenkohlblätter können püriert und unter das Pesto gemengt werden. Etwas Öl zugeben und abschmecken. Die Blumenkohlstiele können im Ofen mitgebacken und anschließend mit Frischkäse, Salz und Pfeffer zu einem Dip püriert werden.

Pilzpfanne auf Bohnencreme

Kategorie: vegan, glutenfrei, Low Carb

Menge: für 2 Portionen
Zubereitungszeit: 20 Min.
Nährwerte pro Portion: ca. 545 kcal, 25 g BS, 17 g E, 42 g F, 25 g KH

Zutaten

Für die Bohnencreme:

- 2 Dosen weiße Bohnen (Abtropfgew. 500 g)
- ½ Bio-Zitrone
- 3 EL Olivenöl
- Salz, Pfeffer

Für die Pilzpfanne:

- 500 g gemischte Waldpilze
- ½ Bund Petersilie
- 5 EL Olivenöl
- Salz, Pfeffer

Zubereitung

1. Für die Creme Bohnen in einem Sieb abgießen, abspülen und abtropfen lassen. Zitrone waschen und trocken reiben. Schale der Zitrone fein abreiben und Zitrone auspressen. Bohnen, Zitronenschale, -saft, Öl und 3 EL Wasser in einem Mixer oder mit einem Pürierstab pürieren. Mit Salz und Pfeffer würzen. Creme nach Belieben erwärmen.

2. Für die Pilzpfanne Pilze putzen und in mundgerechte Stücke schneiden. Petersilie waschen, trocken schütteln, Blättchen abzupfen und fein schneiden. Öl in einer Pfanne erhitzen. Pilze darin bei starker Hitze in 8–12 Minuten braten, bis sie goldbraun sind. Petersilie zu den Pilzen geben, kräftig salzen und pfeffern.

3. Bohnencreme auf einem Teller verstreichen. Pilze darauf anrichten, mit Pfeffer bestreuen.

TIPP

Die Pilzpfanne schmeckt auch hervorragend zu Wildgulasch oder mit Burrata und Kräutern als Vorspeise – wundervoll mundet sie auch mit gerösteter Aubergine und Granatapfelkernen.

Grünkernfrikadellen mit Dips

Kategorie: vegan, glutenfrei

Menge: für 2 Portionen
Zubereitungszeit: 30 Min. + 60 Min. Quellzeit
Nährwerte pro Portion (ohne Dips): ca. 335 kcal, 6 g BS, 11 g E, 17 g F, 35 g KH

Zutaten

Für die Grünkernfrikadellen:
1 kleine Zwiebel
2–3 EL Öl
100 g Grünkernschrot
180 ml Gemüsebrühe
3 Stängel Petersilie
1 Lein-Ei (S. 167) oder Ei
Salz, Pfeffer

Dips nach Belieben:
Erbsen-Minze-Creme (S. 66)
Hummus (S. 68)
Auberginen-Röster (S. 70)

Zubereitung

1. Für die Frikadellen Zwiebel abziehen und fein würfeln. 1 TL Öl in einem Topf erhitzen. Zwiebel darin bei mittlerer Hitze in ca. 5 Minuten glasig dünsten. Schrot zugeben, kurz mitrösten und mit Gemüsebrühe aufgießen. Alles aufkochen und bei kleiner Hitze zugedeckt 10 Minuten garen. Topf vom Herd ziehen und ca. 1 Stunde quellen lassen.
2. Petersilie waschen, trocken schütteln, Blättchen abzupfen und fein schneiden. Ei aufschlagen und zusammen mit der Petersilie unter die Grünkernmasse rühren. Masse mit Salz und Pfeffer würzen.
3. Mit angefeuchteten Händen aus der Masse 6–8 Frikadellen formen. Restliches Öl in einer großen beschichteten Pfanne erhitzen. Frikadellen bei kleiner bis mittlerer Hitze rundherum 10–15 Minuten goldbraun braten.
4. Mit Dips servieren.

Kohlrabischnitzel mit Topinambur-Stampf

Kategorie: Herbst, vegan

Menge: für 2 Portionen
Zubereitungszeit: 30 Min.
Nährwerte pro Portion: ca. 430 kcal, 24,5 g BS, 17 g E, 22 g F, 39 g KH

Zutaten

Für das Stampf:

250 g Topinambur
50 g weich kochende Kartoffeln
150 ml Pflanzendrink oder Milch
Salz, Pfeffer
10 g Butter oder Margarine
Muskat
gehackte Petersilie (optional)

Für die Kohlrabischnitzel:

1 große Kohlrabi (ca. 400 g)
Salz, Pfeffer
1–2 EL Vollkornweizenmehl (Type 1800)
1 Ei
60 g Vollkornsemmelbrösel
10 g Mohn
2 EL Pflanzenöl

TIPPS

Du kannst statt Kohlrabi Bio-Geflügel oder weißen Fisch verwenden, nur sinkt mit diesen Zutaten die Summe der Ballaststoffe.

Solltest du mal Vollkornbrot übrig haben, lass es in Würfeln trocknen und zerkleinere es zu Semmelbröseln.

Zubereitung

1. Für den Stampf Topinambur und Kartoffeln waschen, schälen und in ca. 2 cm kleine Würfel schneiden. Topinambur und Kartoffeln mit Milch, etwas Salz und Butter in einem Topf aufkochen. Bei kleiner Hitze zugedeckt ca. 20 Minuten leise weich kochen lassen.

2. Inzwischen für die Kohlrabischnitzel reichlich Salzwasser in einem kleinen Topf aufkochen. Kohlrabi schälen und Kohlrabi in ca. 1 cm dicke Scheiben schneiden. 5 Minuten in dem heißen Salzwasser kochen und gut abtropfen lassen. Für die Panierstraße Mehl auf einen tiefen Teller geben, auf einen zweiten Teller Ei mit Salz und Pfeffer verquirlen, auf einem dritten Teller Brösel und Mohn mischen. Kohlrabischeiben in Mehl wenden, durch das Ei ziehen und schließlich in der Mohn-Brösel-Mischung wenden, Panade andrücken.

3. In einer beschichteten Pfanne Öl erhitzen. Kohlrabischnitzel darin pro Seite in 3–4 Minuten goldbraun ausbacken.

4. Topinambur und Kartoffeln abgießen, dabei Flüssigkeit auffangen. Gemüse zurück in den Topf geben und mit einem Kartoffelstampfer zerdrücken. Milch nach Bedarf unterheben und alles mit Salz, Pfeffer und Muskat würzen.

5. Stampf und Schnitzel auf Tellern anrichten und nach Belieben mit Petersilie bestreut servieren.

Falafelsandwich

Kategorie: vegan

Menge: für 2 Portionen
Zubereitungszeit: 20 Min.
Nährwerte pro Portion: ca. 540 kcal, 11,5 g BS, 16 g E, 27 g F, 56 g KH

Zutaten

Für die Falafeln:

1 Dose Kichererbsen (Abtropfgewicht 240 g)
½ Scheibe altbackenes Vollkorntoastbrot
1 kleine Zwiebel
2 Knoblauchzehen
2 Stängel Petersilie
1 TL Kreuzkümmel
1 TL Korianderpulver
Salz, Pfeffer
1 EL Weizenvollkornmehl
1 TL Backpulver
500 ml Pflanzenöl zum Frittieren

Für das Sandwich:

2 Vollkornpita oder ½ Fladenbrot
Tomatenscheiben
Gurkenscheiben
Blattsalat
Feldsalatpesto (S. 98)
Hummus (S. 68)
Ofengemüse (S. 126)
Joghurt

Zubereitung

1. Für die Falafeln Kichererbsen abgießen und abtropfen lassen. Brot zerkrümeln. Zwiebel und Knoblauch abziehen und grob würfeln. Petersilie waschen, trocken schütteln, die Blättchen abzupfen. Kichererbsen, Brot, Zwiebel, Knoblauch und Petersilienblättchen in einem Mixer oder mit dem Pürierstab fein mixen. Kräftig würzen und mit Mehl und Backpulver verkneten. Mit angefeuchteten Händen walnussgroße Bällchen formen.

2. Frittieröl in einem Topf erhitzen. (Das Öl ist heiß genug, wenn an einem Holzlöffelstiel, den du ins Öl hineinhältst, Bläschen aufsteigen.) Falafeln darin portionsweise in 4–5 Minuten goldbraun frittieren, auf Küchenpapier abtropfen lassen.

3. Nach Belieben Pita- oder Fladenbrote mit Falafeln, Gemüse, Salat, Pesto, Hummus und Joghurt füllen.

Graupotto mit grünem Spargel und Erbsen

Kategorie: glutenfrei

Menge: für 2 Portionen
Zubereitungszeit: 35 Min.
Nährwerte pro Portion: ca. 475 kcal, 8,5 g BS, 16 g E, 22 g F, 48 g KH

Zutaten

1 Zwiebel
1 Knoblauchzehe
450 ml Gemüsebrühe (siehe Tipp)
8 Safranfäden (optional)
5 TL Olivenöl
100 g Perlgraupen
50 ml Weißwein oder Gemüsebrühe
50 g Erbsen (TK)
8 Stangen grüner Spargel (ca. 300 g)
Salz, Pfeffer
3 EL geriebener Parmesan oder Hefeflocken
1–2 EL Zitronensaft

TIPPS

Wer mag, serviert das Graupotto mit Tupfern aus Ziegenfrischkäse, mit Garnelen oder Jakobsmuscheln. Statt Spargel kannst du je nach Saison Gemüse wie Zuckerschoten, bunte Möhren oder Kürbis verwenden.

Wer, wie ich, kein Fan von gekaufter Gemüsebrühe ist, kann 3–4 getrocknete Shiitake in 500 ml leicht gesalzenem Wasser aufweichen und das gesiebte Einweichwasser als kräftige und natürliche Brühe verwenden. Diese Brühe ist ganz ohne Zusätze.

Zubereitung

1. Zwiebel und Knoblauch abziehen und fein würfeln. Brühe aufkochen und warm halten. Nach Belieben Safran in wenig warmem Wasser einweichen.

2. 3 TL Öl in einem Topf erhitzen. Zwiebel und Knoblauch darin bei mittlerer bis starker Hitze in 1–2 Minuten glasig dünsten. Graupen zugeben und in 2 Minuten glasig dünsten. Mit Wein ablöschen und den Wein vollständig einkochen lassen.

3. Ein Drittel der Brühe hinzugießen und bei mittlerer Hitze einkochen lassen, Vorgang wiederholen, bis Brühe aufgebraucht ist und Graupen weich sind (ca. 25 Minuten). Nach 15 Minuten TK-Erbsen zugeben und mitgaren. 5 Minuten vor Ende der Garzeit nach Belieben eingeweichten Safran unterheben.

4. Inzwischen Spargel waschen und putzen, Enden abschneiden. 2 TL Öl in einer Grillpfanne erhitzen. Spargel darin rundherum ca. 10 Minuten anbraten, kräftig salzen und pfeffern.

5. Parmesan unter das Graupotto mischen, mit Salz, Pfeffer und Zitronensaft würzen und mit Spargel garnieren.

Mexikanische Mole mit Quinoa

Kategorie: vegan, glutenfrei

Menge: für 2 Portionen
Zubereitungszeit: 45 Min.
Nährwerte pro Portion: ca. 410 kcal, 13,5 g BS, 12 g E, 13 g F, 59 g KH

Zutaten

Für die Mole:

1 Chilischote
1 Knoblauchzehe
1 Zwiebel
1 EL Pflanzenöl
¼ TL gemahlener Kreuzkümmel
½ TL Paprikapulver edelsüß
25 g Rosinen
1 Dose stückige Tomaten (Füllgewicht 400 g)
1 Dose schwarze Bohnen (Abtropfg. 250 g)
25 g Zartbitterschokolade
Salz
1 Bio-Limette
½ Bund Koriandergrün

Für die Beilage:

125 g Quinoa
Salz

Zubereitung

1. Für die Mole Chilischote putzen, Kerne nach Belieben entfernen und fein würfeln. Knoblauch und Zwiebel abziehen und fein würfeln. Öl in einem Topf erhitzen. Chili, Knoblauch und Zwiebeln darin bei mittlerer Hitze in 3–5 Minuten dünsten. Gewürze, Rosinen und Tomaten zugeben. Zugedeckt bei kleiner bis mittlerer Hitze ca. 20 Minuten kochen, gelegentlich umrühren.

2. Inzwischen für die Beilage Quinoa in einem Sieb abspülen, bis das Wasser klar bleibt. Quinoa mit 250 g Salzwasser in einem Topf aufkochen und ohne Deckel bei kleiner Hitze in ca. 15 Minuten leise weich kochen.

3. Bohnen in ein Sieb abgießen und abspülen. Schokolade hacken. Beides nach der Kochzeit zur Mole geben und unter Rühren erhitzen. Mole salzen. Limette in Spalten schneiden, Koriander waschen, trocken schütteln, Blättchen abzupfen und hacken.

4. Mole und Quinoa auf Tellern anrichten und mit Koriander bestreut sowie mit Limettenspalten an der Seite servieren.

TIPP

Nach Belieben können Bulgur, Graupen und/oder Vollkornpita dazu serviert werden.

Artischocken

Kategorie: vegan, glutenfrei, Low Carb

Menge: für 2 Portionen
Zubereitungszeit: 1 Std.
Nährwerte pro Portion (ohne Beilagen): ca. 90 kcal, 45 g BS, 9 g E, 0 g F, 10 g KH

Zutaten

Für die Artischocken:
2 Bio-Zitronen
4 Artischocken
Salz
1 Prise Zucker
Beilagen nach Belieben:
Walnusspesto (S. 102)
Feldsalatpesto (S. 98)
Mayonnaise
Vollkornbaguette oder Blitzbrötchen (S. 62)

TIPP

Artischocken haben einen enorm hohen Anteil an Ballaststoffen, wobei ein Großteil des Gemüses nicht gegessen wird. Überhaupt haben Artischocken eine reinigende und verdauungsfördernde Wirkung.

Zubereitung

1. 1 Zitrone auspressen, Saft in eine große Schüssel geben und mit Wasser aufgießen. Übrige Zitrone halbieren, um die Schnittflächen der Artischocken später damit einzureiben, damit sie sich nicht verfärben. (Auch die Hände mit Zitrone einreiben, alternativ Küchenhandschuhe tragen!)

2. Artischocken waschen, trocken tupfen, Stiele kurz hinter dem Blütenansatz abschneiden, Schnittfläche der Artischocke einreiben. Äußere (stachelige) und beschädigte Blätter mit einer Schere abschneiden oder am Ansatz abreißen. Oberes Viertel der Artischocken mit einem Sägemesser abschneiden (2–3 cm). Artischocken sofort ins Zitronenwasser legen.

3. Reichlich Salzwasser in einem großen Topf aufkochen. 1 Prise Zucker, Salz und Zitronenhälften zugeben. Artischocken bei kleiner bis mittlerer Hitze 30–40 Minuten kochen, bis sich die Blätter leicht abzupfen lassen.

4. Artischocken aus dem Wasser heben und mit Pesto, Mayonnaise und Brot anrichten. Zum Essen die Blätter der Artischocke Stück für Stück abzupfen, in das Pesto tunken und den fleischigen Teil mit den Zähnen abziehen bzw. auslutschen. So langsam bis zum Artischockenboden durcharbeiten, Artischocke vom über dem Boden befindlichen Heu befreien und den Boden genießen.

Sauerkraut-Schupfnudeln

Kategorie: glutenfrei

Menge: für 2 Portionen
Zubereitungszeit: 15 Min.
Nährwerte pro Portion: ca. 480 kcal, 11,5 g BS, 20 g E, 16 g F, 58 KH

Zutaten

1 Dose Sauerkraut (Abtropfgewicht 300 g)
1 Zwiebel
2 EL Öl
500 g Schupfnudeln (Kühlregal)
50 g Schinkenwürfel oder Räuchertofu (gewürfelt)
½ Bund Petersilie
Salz, Pfeffer

Zubereitung

1. Sauerkraut abgießen und abtropfen lassen. Zwiebel abziehen und fein würfeln. Öl in einer großen Pfanne erhitzen. Schupfnudeln mitsamt Zwiebeln und Schinken oder Räuchertofu darin bei mittlerer bis starker Hitze goldbraun rösten. Sauerkraut unterheben und 5 Minuten weiterbraten.

2. Petersilie waschen, trocken schütteln, Blättchen abzupfen und fein schneiden. Schupfnudeln kräftig mit Salz und Pfeffer würzen und mit Petersilie bestreuen.

Amalfi-Zitronen-Carpaccio

Kategorie: vegan, glutenfrei

Menge: für 2–4 Portionen
Zubereitungszeit: 10 Min. + 2 Std. Ziehzeit
Nährwerte pro Portion (bei 2): ca. 200 kcal, 6 g BS, 1 g E, 20 g F, 6 g KH

Zutaten

1 Amalfi-Zitrone
1 Chilischote
1 Frühlingszwiebel
4 EL Olivenöl
Grobes Meersalz

Zubereitung

1. Zitrone waschen und trocken reiben. Zitrone mit einem scharfen Messer quer in hauchdünne Scheiben schneiden und auf einer Platte auslegen. Chilischote und Frühlingszwiebel waschen, putzen. Chilischote von Kernen befreien und fein schneiden. Frühlingszwiebel in Ringe schneiden und mit den Chilischoten auf den Zitronenscheiben verteilen.

2. Alles gleichmäßig mit Öl beträufeln, salzen und abgedeckt kalt stellen, damit die Zitronen sich vollsaugen und etwas weicher werden.

TIPP

Ein Rezept vom Händler auf dem Wochenmarkt. Die Amalfi-Zitrone besitzt einen hohen Anteil an weißer Schalenschicht und damit viele Ballaststoffe. Zudem schmeckt sie weniger sauer als die gemeine Zitrone.

„Pulled Jackfruit"-Stulle mit Kohlsalat

Kategorie: vegan

Menge: für 2 Portionen
Zubereitungszeit: 25 Min.
Nährwerte pro Portion: ca. 300 kcal, 9,5 g BS, 11 g E, 7 g F, 49 g KH

Zutaten

Für die Stulle:

200 g Jackfruit (gegart, am besten vakuumiert)
2 EL Olivenöl
4–6 EL Sojasauce
Pfeffer
Chiliflocken
4 Scheiben Vollkorngraubrot

Für den Kohlsalat:

150 g Weiß- oder Rotkohl
4 EL Olivenöl
1 TL Fleur de Sel
Gartenkresse (optional)

Zubereitung

1. Jackfruit mit Olivenöl in einer Schüssel vermengen und 10 Minuten ziehen lassen. Öl in einer Pfanne erhitzen und die Frucht darin ca. 5 Minuten bei mittlerer bis starker Hitze braten. Mit Sojasauce ablöschen, etwas einkochen lassen und Jackfruit mit einem Holzlöffel oder mithilfe einer Gabel zerrupfen. Weitere 5–10 Minuten braten, nach Bedarf noch etwas Sojasauce angießen, mit Pfeffer und Chili würzen.

2. Zwei Brotscheiben mit der Jackfruit belegen und mit je einer weiteren Brotscheibe abdeckeln.

3. Inzwischen für den Salat Kohl putzen, Strunk entfernen und Kohl in ca. 1 cm kleine Streifen schneiden. Kohl mit Öl und Salz in einer Schüssel mischen, bei Bedarf mit Kresse bestreuen und zur Stulle servieren.

TIPP

Ein absolutes Lieblingsrezept, das in Windeseile zubereitet ist! Hier können gerne auch Pilze der Saison mit in die Pfanne wandern. Die südasiatische Frucht hat mit 8,6 g pro 100 g einen enorm hohen Anteil an Ballaststoffen und ist ein wunderbarer Fleischersatz. Das Rezept kann gerne mit verschiedenen Saucen variiert werden.

Sommerrollen

Kategorie: Low Carb

Menge: für 4–6 Portionen
Zubereitungszeit: 30 Min.
Nährwerte pro Portion (bei 6): 580 kcal, 18,5 g BS, 41 g E, 30 g F, 36 g KH

Zutaten

Für die Füllung:

1 Gurke
1 rote Paprikaschote
2 Möhren
1 Avocado
1 Mango
1 ½ Bund gemischte Kräuter (z. B. Minze, Koriander, Thai-Basilikum)
400 g Naturtofu
2 Bio-Limetten
Shrimps oder Hähnchenbrust (nach Belieben)
24–32 Blätter Reisblätter (22 cm Durchmesser)

Als Beilage:

Erdnusssauce
Sojasauce

Zubereitung

1. Für die Füllung Gemüse waschen, putzen und in feine mundgerechte Streifen schneiden. Avocado halbieren, Stein entfernen, Avocado schälen und in feine Streifen schneiden.

2. Mango schälen, Fruchtfleisch vom Stein befreien und Fruchtfleisch in dünne Streifen schneiden.

3. Kräuter waschen und mit wenig Wasser in Gläser stellen, damit die Blätter der Kräuter nicht erschlaffen und sich jede Person nach Belieben Blättchen abzupfen kann.

4. Tofu und nach Belieben Hähnchen in Scheiben schneiden und in der Pfanne anbraten oder auf einem heißen Grill oder einem heißen Stein am Tisch direkt grillen. Shrimps schälen, vom Darm befreien, waschen, trocken tupfen und ebenfalls anbraten oder grillen.

5. Alle Zutaten auf dem Tisch verteilen und nach Lust und Laune Reisblätter befüllen und einrollen. Als Beilage Erdnuss- und Sojasauce zu den Sommerrollen reichen.

TIPP

Nach Lust und Laune können alle am Tisch die Reisblätter füllen und selbst rollen. Dafür große Teller und Schüsseln mit lauwarmem Wasser bereitstellen. Blätter mit Wasser beträufeln, mittig belegen und anschließend zusammenrollen. Am besten pro Person 4–6 Rollen einplanen, um satt zu werden.

Spinatknödel mit Meerrettich

Kategorie: Herbst

Menge: für 2 Portionen
Zubereitungszeit: 1 Std.
Nährwerte pro Portion (ohne Beilagen):
ca. 375 kcal, 12,5 BS, 18 g BS, 14 g F, 44 g KH

Zutaten

Für die Knödel:

150 g altbackenes Vollkornweißbrot
125 ml Pflanzendrink oder Milch
Salz
400 g Blattspinat
1 kleine Zwiebel
1 EL Pflanzenöl
1 Ei oder Lein-Ei (S. 167)
Pfeffer, Muskat
½ EL Vollkornmehl
1 EL Semmelbrösel (siehe Tipp S. 109, Kohlrabischnitzel)

Beilagen nach Belieben:

Butter
frisch geriebener Meerrettich
Pilzrahmsauce (S. 97)
Steinpilzpesto (S. 101)

Zubereitung

1. Brot würfeln und in einer größeren Schüssel in dem Pflanzendrink oder der Milch einweichen.

2. Reichlich Salzwasser zum Kochen bringen. Spinat waschen, verlesen und im kochenden Salzwasser ca. 1 Minute blanchieren. Spinat abgießen und gründlich ausdrücken. Zwiebel abziehen und fein würfeln. Öl in einer Pfanne erhitzen. Zwiebel darin bei mittlerer Hitze in ca. 5 Minuten glasig dünsten. Spinat zugeben und weitere 5 Minuten dünsten.

3. Ei und Spinat zur Brot-Milch-Mischung geben und verrühren. Masse mit Salz, Pfeffer und Muskat würzen. Mehl und Semmelbrösel zugeben. Aus der Masse golfballgroße Knödel formen.

4. Reichlich Salzwasser in einem Topf aufkochen. Knödel darin bei kleiner bis mittlerer Hitze ca. 15 Minuten garen, bis sie an der Oberfläche schwimmen.

5. Knödel mit zerlassener Butter und reichlich Meerrettich oder Pilzrahmsauce oder Steinpilzpesto servieren.

▶ Aus dem Ofen

Apfel-Pistazien-Flammkuchen mit Spinat

Kategorie: Herbst

Menge: für 2 Portionen
Zubereitungszeit: 45 Min.
Nährwerte pro Portion: ca. 900 kcal, 16,5 g BS, 10 g E, 38 g F, 57 g KH

Zutaten

1 Apfel
1 rote Zwiebel
20 g Pistazienkerne
Basis-Vollkornflammkuchenteig (siehe Grundrezept, S. 169)
100 g Ziegenfrischkäse
Salz, Pfeffer
2 Handvoll Spinat
4 TL Pistazien-Maronen-Pesto (S. 102)

Zubereitung

1. Backofen auf 230 °C (Umluft) vorheizen. Apfel waschen, halbieren, Kerngehäuse entfernen und Apfelhälften quer in hauchfeine Scheiben schneiden. Zwiebel abziehen, halbieren und Hälften ebenfalls hauchfein schneiden oder reiben. Pistazien fein hacken.

2. Flammkuchenteige ausrollen. Beide Teige mit Ziegenfrischkäse bestreichen und mit Apfel- und Zwiebelscheiben belegen, salzen und pfeffern. Flammkuchen mit Pistazien bestreuen und im heißen Ofen jeweils 15 Minuten knusprig backen.

3. Spinat waschen und trocken schleudern. Flammkuchen aus dem Ofen nehmen, mit Spinat anrichten, mit Pesto beträufeln und Flammkuchen nacheinander servieren.

Blumenkohlpizza

Kategorie: glutenfrei, Low Carb

Menge: für 2 Portionen
Zubereitungszeit: 1 Std.
Nährwerte pro Portion: ca. 290 kcal, 5,5 g BS, 33 g E, 46 g F, 4 g KH

Zutaten

Für den Blumenkohlpizzateig:

250 g Blumenkohl
150 g geriebener Käse
1 Ei
Salz
1–2 TL Olivenöl

Für den Belag (nach Belieben):

2 Champignons
1 Tomate
½ Paprikaschote
2 EL Feldsalat-Pesto (S. 98)
½ Mozzarella

Zubereitung

1. Blumenkohl in Röschen teilen, Röschen in einer Küchenmaschine, einem scharfen Messer oder der groben Seite der Käsereibe zerkleinern, bis der Blumenkohl eine grießartige Struktur hat. In eine mikrowellengeeignete Schüssel geben und in der Mikrowelle bei 800 Watt 6–8 Minuten garen.

2. Backofen auf 230 °C (Umluft) vorheizen. Ein Backblech mit Backpapier auslegen. In einer Schüssel 200 g Blumenkohl mit Käse, Ei und etwas Salz vermischen. Kräftig und geduldig vermengen, bis ein breiiger Teig entsteht. Teig auf dem Blech verteilen, zurechtformen und etwas andrücken. Mit wenig Olivenöl bestreichen und im heißen Ofen 15 Minuten backen.

3. Inzwischen Champignons, Tomate und Paprika waschen und putzen. Champignons und Tomate in feine Scheiben schneiden. Paprika von Samen und Scheidewänden befreien und in schmale Streifen schneiden.

4. Pizzateig aus dem Ofen nehmen, mit Pesto bestreichen und mit Gemüse belegen. Käse klein zupfen und auf den Pizzateig verteilen. Pizza pfeffern und im Ofen erneut ca. 10 Minuten backen.

Gefüllte Tomaten

Kategorie: Sommer

Menge: für 2 Portionen
Zubereitungszeit: 35 Min.
Nährwerte pro Portion: ca. 245 kcal, 4,5 g BS, 8 g E, 18 g F, 13 g KH

Zutaten

- 40 g Instant-Couscous
- Salz
- 2 sehr große Tomaten (z. B. Ochsenherztomaten)
- ½ Zucchini
- 1 kleine Zwiebel
- 2 EL Olivenöl
- Pfeffer
- 1 Prise Zucker
- ½ TL gerebelter Oregano
- 50 g Feta
- 80 ml Gemüsebrühe

Zubereitung

1. Couscous in einer Schüssel mit 80 ml kochendem Salzwasser übergießen und ca. 5 Minuten ziehen lassen. Couscous mit einer Gabel auflockern. Backofen auf 200 °C (Ober-/Unterhitze, Umluft 175 °C) vorheizen.

2. Tomaten waschen, am Stielansatz einen Deckel (2–3 cm dick) abschneiden, Tomaten aushöhlen, Fruchtfleisch zerkleinern. Zucchini waschen und fein würfeln. Zwiebel abziehen und fein würfeln. Öl in einer Pfanne erhitzen. Zwiebeln und Zucchini darin bei mittlerer Hitze ca. 5 Minuten andünsten. Tomatenfruchtfleisch zugeben. Mit Salz, Pfeffer, Zucker und Oregano würzen. Feta zerkrümeln. Gemüse und Feta unter den Couscous rühren, abschmecken.

3. Ausgehöhlte Tomaten in eine Auflaufform setzen, mit Couscous-Gemüse-Mischung füllen. Deckel aufsetzen oder danebenlegen. Brühe in die Auflaufform gießen. Tomaten im heißen Ofen 15 Minuten backen.

Ofengemüse mit Dips

Kategorie: vegan, glutenfrei

Menge: für 2 Portionen
Zubereitungszeit: 55 Min.
Nährwerte pro Portion (ohne Beilagen):
ca. 265 kcal, 9 g BS, 5 g E, 11 g F, 35 g KH

Zutaten

Für das Gemüse:

500 g gemischtes Wurzelgemüse (z. B. kleine Rote Beten, Pastinaken, Möhren, Süßkartoffeln, Petersilienwurzeln, Kohlrübe)
1 rote Zwiebel
1 Knoblauchzehe
½ Bund Thymian
100 ml Orangensaft
2 TL Sirup oder Honig
2 EL Olivenöl
Salz, Pfeffer

Beilagen nach Belieben:

4 EL Mediterrane Brösel (S. 172)
Hummus (S. 68)
Rote-Bete-Meerrettich-Creme (S. 164)
100 g Joghurt

Zubereitung

1. Wurzelgemüse schälen, putzen und in ca. 2 cm große Würfel schneiden. Wird Rote Bete verwendet, mit Küchenhandschuhen arbeiten und Knollen vorab in kochendem Salzwasser 5–10 Minuten kochen. Zwiebel und Knoblauch abziehen. Zwiebel in feine Ringe schneiden, Knoblauch fein würfeln. Thymian waschen, trocken schütteln und Blättchen abzupfen. Alles in eine große Auflaufform geben.

2. Backofen auf 190 °C (Ober-/Unterhitze) vorheizen. Orangensaft, Sirup oder Honig und Öl mit Salz und Pfeffer verquirlen, zum Gemüse geben und ein paar Minuten ziehen lassen. Gemüse im heißen Ofen 35–40 Minuten backen, zwischendurch wenden.

3. Gemüse mit Beilagen nach Wahl servieren.

Aubergine mit Granatapfel und Tahini-Joghurt

Kategorie: vegan, glutenfrei

Menge: für 2 Portionen
Zubereitungszeit: 40 Min.
Nährwerte pro Portion: ca. 340 kcal, 10,5 g BS, 7 g E, 20 g F, 31 g KH

Zutaten

- 500 g Auberginen
- 3–4 EL Olivenöl
- grobes Meersalz
- ½ TL Sumach
- 150 g griechischer Joghurt oder Sojajoghurt
- 1 TL Tahini (Sesampaste)
- Pfeffer
- ½ Granatapfel (optional)
- 3 Stängel Petersilie

Zubereitung

1. Backofen auf 200 Grad (Ober-/Unterhitze) vorheizen. Backblech mit Backpapier auslegen. Aubergine waschen, Stielansatz abschneiden und Aubergine längs in 1 cm dicke Scheiben schneiden. Auberginenscheiben auf dem Blech verteilen, von beiden Seiten mit Olivenöl bepinseln, mit Sumach und Salz bestreuen. Auberginen im heißen Ofen ca. 25 Minuten backen, zwischendurch einmal wenden.

2. Joghurt und Tahini verrühren, mit Salz und Pfeffer würzen. Gegebenenfalls Granatapfelkerne aus dem Granatapfel auslösen. Petersilie waschen, trocken schütteln, Blättchen abzupfen und hacken. Auberginen aus dem Ofen nehmen, etwas abkühlen lassen, mit Joghurt beklecksen, mit Granatapfelkernen (optional) und Petersilie bestreuen.

Kohlrouladen nach „Enkel-Art" mit Wildreis und Pilzen

Kategorie: glutenfrei

Menge: für 2 Portionen
Zubereitungszeit: 70 Min.
Nährwerte pro Portion (ohne Sauce): ca. 275 kcal, 9,5 g BS, 16 g E, 11 g F, 28 g KH

Zutaten

75 g Wildreis
Salz
½ kleiner Kopf Weißkohl
1 Zwiebel
1 Möhre
100 g Pilze (z. B. Champignons)
½ Bund Petersilie
1 TL Pflanzenöl
20 g Parmesan
1 Ei
Für die Sauce:
Wurzelgemüsesauce (S. 100)

Zubereitung

1. Reis nach Packungsanleitung garen. Reichlich Salzwasser in einem weiteren Topf aufkochen. Kohl putzen, Blätter vom Strunk lösen und Blätter im heißen Wasser ca. 5 Minuten blanchieren, sodass sie sich biegen lassen. Blätter herausheben, abschrecken und 4 große Blätter zum Füllen beiseitelegen. Restlichen Kohl klein hacken.

2. Zwiebel abziehen und fein würfeln. Möhre schälen und sehr fein würfeln. Pilze putzen und sehr fein würfeln. Petersilie waschen, trocken schütteln, Blättchen abzupfen und fein schneiden.

3. Öl in einer Pfanne erhitzen. Zwiebel darin bei mittlerer Hitze in ca. 3 Minuten glasig dünsten. Erst Möhre zugeben und ca. 5 Minuten anbraten, dann Pilze und gehackten Kohl zugeben und weitere ca. 3 Minuten braten. Pfanne vom Herd nehmen, Petersilie, Parmesan, Ei und Reis in die Pfanne geben und unter das Gemüse heben. Salzen und pfeffern.

4. Kohlblätter ausbreiten, Reismischung mittig daraufgeben. Kohlblatt an der Längsseite rechts und links einschlagen, aufrollen, mit Küchengarn oder Zahnstochern fixieren.

5. Wurzelgemüsesauce in einen Bräter geben. Kohlrouladen daraufsetzen und zugedeckt bei kleiner Hitze ca. 30 Minuten schmoren.

Pizza mit Fenchel, Topinambur und Rucola

Kategorie: Sommer

Menge: für 4 Portionen
Zubereitungszeit: ca. 120 Min.
Nährwerte pro Portion: ca. 485 kcal, 14,9 g BS, 15 g E, 22 g F, 59 g KH

Zutaten

Vollkornpizzateig (siehe Grundrezept, S. 170 oder Kühlregal)
100 g Fenchel
100 g Topinambur
4 Artischockenherzen
2 Handvoll Rucola
4 EL Pesto (z. B. Walnusspesto, S. 102)
4 TL Olivenöl
4 Mozzarella
Salz, Pfeffer
Balsamicocreme

Zubereitung

1. Teig für die Pizza vorbereiten.

2. Backofen auf 250 Grad (Ober-/Unterhitze) vorheizen. Am besten Pizzastein am Ofenboden mitheizen oder Backblech am Ofenboden mit vorheizen.

2. Teig mit den Händen durchkneten, vierteln und abgedeckt 20 Minuten gehen lassen.

3. Inzwischen Gemüse waschen, putzen. Fenchel in hauchdünne Scheiben schneiden, Topinambur hobeln. Artischocken abtropfen lassen und grob schneiden. Rucola waschen, trocken schleudern und grob zerzupfen.

4. Teige ausrollen oder mit den Händen auseinanderziehen und so dünne Pizzafladen formen. Pizzateige mit je 1 EL Pesto bestreichen, Teige mit Gemüse belegen, das Gemüse mit Öl einpinseln. Mozzarella zerzupfen und auf den Pizzen verteilen, gegebenenfalls salzen und pfeffern.

5. Pizzen im heißen Ofen unter Beobachtung backen: auf dem Pizzastein 5–10 Minuten, auf einem Backblech 10–20 Minuten. Pizzen mit Rucola bestreuen und mit Balsamicocreme beträufeln.

Calzone mit Pilzen

Kategorie: Herbst

Menge: für 4 Portionen
Zubereitungszeit: 120 Min.
Nährwerte pro Portion: ca. 765 kcal, 13 g BS, 37 g E, 43 g F, 59 g KH

Zutaten

Vollkornpizzateig (siehe Grundrezept, S. 170 oder Kühlregal)
400 g gemischte Pilze (Steinpilze, Champignons, Saiblinge)
4 Zweige Thymian
2 Mozzarella
4 EL Feldsalatpesto (S. 98)
200 g geriebener Käse

Zubereitung

1. Teig für die Pizza vorbereiten.

2. Backofen auf 250 °C (Ober-/Unterhitze) vorheizen, am besten Pizzastein am Ofenboden mitheizen oder Backblech am Ofenboden mit vorheizen.

3. Teig mit den Händen durchkneten, vierteln und abgedeckt 20 Minuten gehen lassen.

4. Inzwischen Pilze putzen und klein schneiden. Thymian waschen, trocken schütteln, Blättchen abzupfen. Mozzarella würfeln.

5. Teige ausrollen oder mit den Händen auseinanderziehen und so dünne Pizzafladen formen. Pizzateige mit je 1 EL Pesto bestreichen (nicht ganz bis an den Rand). Je eine Hälfte der Pizzen mit Pilzen belegen, Käse darüber geben, alles gegebenenfalls salzen und pfeffern. Unbelegte Pizzahälfte über die belegte Hälfte klappen, Ränder zusammendrücken.

6. Calzonen nacheinander im heißen Ofen unter Beobachtung backen: auf dem Pizzastein 5–10 Minuten, auf einem Backblech 10–20 Minuten.

▶ Sattmachersalate

Papaya-Salat (Som Tam)

Kategorie: glutenfrei

Menge: für 2 Portionen
Zubereitungszeit: 35 Min.
Nährwerte pro Portion: ca. 525 kcal, 14,5 g BS, 20 g E, 16 g F, 74 g KH

Zutaten

Für den Salat:

1 grüne unreife Papaya (ca. 500 g; Asia-Laden)
1 Möhre
2 Knoblauchzehen
6 Kirschtomaten
1–2 Chilischoten
6 Schlangenbohnen
2 Bio-Limetten
3 EL Fischsauce oder weiße Sojasauce
½ EL Rohrohrzucker

Für die Beilage:

200 g Wildreis
50 g Erdnusskerne
Salz

Zubereitung

1. Für den Salat Papaya und Möhre schälen. Papaya längs halbieren und die kleinen weißen Kerne entfernen. Papaya und Möhre in feine lange Julienne schneiden oder spiralisieren. Knoblauch abziehen und würfeln. Tomaten waschen und halbieren. Chilischoten waschen, von Kernen befreien, fein hacken. Bohnen waschen und in 3–4 cm lange Stücke schneiden.

2. Vorbereitete Salatzutaten in einen großen Mörser oder eine Schüssel geben und mit einem Mörserschlegel gründlich andrücken. Limetten waschen und vierteln. Aus den Limettenvierteln etwas Saft zu den Salatzutaten pressen, Limettenviertel ebenfalls zugeben. Fischsauce und Zucker zugeben. Alles gut verrühren und ca. 30 Minuten ziehen lassen.

3. Inzwischen für die Beilage Reis nach Packungsanleitung garen. Erdnüsse in einer Pfanne ohne Fettzugabe rösten, grob hacken. Salat abschmecken, mit Nüssen bestreuen und mit Reis servieren.

Grünkernsalat mit Heidelbeeren und Ziegenkäse

Kategorie: Sommer

Menge: für 2 Portionen
Zubereitungszeit: 60 Min.
Nährwerte pro Portion: ca. 495 kcal, 9 g BS, 15 g E, 30 g F, 39 g KH

Zutaten

Für den Salat:

100 g Grünkern
Salz
1 Zwiebel
1 EL Olivenöl
1 Bund Rucola
100 g Heidelbeeren
20 g Mandelkerne
50 g Ziegenweichkäse

Für das Dressing:

3 EL Olivenöl
2 EL Apfelessig
1 TL Dijonsenf
Salz, Pfeffer, Zucker

Zubereitung

1. Für den Salat Grünkern in einem Sieb abspülen, bis das Wasser klar bleibt. Körner mit 200 ml Salzwasser aufkochen, ca. 10 Minuten sprudelnd kochen lassen, dann bei kleiner Hitze abgedeckt 30–40 Minuten quellen lassen. Grünkern durch ein Sieb abgießen und in einer großen Auflaufform zum Auskühlen ausbreiten.

2. Inzwischen Zwiebel abziehen und fein würfeln. Rucola waschen, verlesen, trocken schleudern und mundgerecht zerkleinern. Heidelbeeren waschen und verlesen. Mandeln hacken und in einer Pfanne ohne Fettzugabe anrösten, bis sie zu duften beginnen. Öl in einer anderen Pfanne erhitzen. Zwiebel darin in ca. 5 Minuten bei mittlerer Hitze glasig dünsten, beiseitestellen. Ziegenkäse klein würfeln.

3. Für das Dressing Öl und Essig in einer Schüssel verrühren, Senf unterquirlen und mit Salz, Pfeffer und Zucker würzen. Schmeckt lauwarm und kalt.

TIPPS

Ist der Sommer vorbei, können Birnen die Beeren ersetzen und Feldsalat den Rucola.

Weichst du den Grünkern mindestens 12 Stunden bzw. über Nacht ein, sparst du dir Kochzeit. Die Grünkernkörner benötigen ca. 15 Minuten Einweichzeit.

Topinambur-Fenchel-Salat

Kategorie: vegan, glutenfrei

Menge: für 2 Portionen
Zubereitungszeit: 30 Min.
Nährwerte pro Portion: ca. 410 kcal, 18 g BS, 25 g E, 26 g F, 17 g KH

Zutaten

Salz
1 Fenchel (ca. 300 g)
2 Stangen Staudensellerie
200 g Topinambur
1 Zitrone
6 EL Walnusspesto (S. 102)
4 EL Öl
50 g Walnusskerne
200 g Tofu

Zubereitung

1. Reichlich Salzwasser in einem kleinen Topf aufkochen lassen. Fenchel waschen, putzen, und in hauchdünne Streifen schneiden oder hobeln. Dabei das Grün hacken und zum Garnieren beiseitelegen. Sellerie waschen, gegebenenfalls entfädeln und in feine Halbmonde schneiden. Topinambur gründlich abbürsten, waschen und in hauchdünne Scheiben schneiden oder hobeln. Topinambur und nach Belieben Fenchel ca. 5 Minuten im siedenden Wasser blanchieren, abgießen.

2. Zitrone auspressen. In einer Schüssel Pesto mit Öl und Zitronensaft verrühren, abschmecken, Gemüse dazugeben. Alles umrühren und ziehen lassen.

3. Walnüsse hacken und in einer Pfanne ohne Fettzugabe rösten, bis sie zu duften beginnen. Tofu in mundgerechte Streifen schneiden, salzen. Öl in einer anderen Pfanne erhitzen und Tofu darin rundherum ca. 10–12 Minuten braten.

4. Salat abschmecken, mit Nüssen und Tofu anrichten und mit Fenchelgrün bestreuen.

Linsennudel-Salat mit Tomate und Nektarine

Kategorie: glutenfrei

Menge: für 2 Portionen
Zubereitungszeit: 20 Min.
Nährwerte pro Portion: ca. 680 kcal, 11,3 g BS, 37 g E, 35 g F, 52 g KH

Zutaten

100 g Linsennudeln (S. 168)
Salz
100 g Kichererbsen (aus der Dose)
2 Nektarinen
4 Tomaten
6 getrocknete Tomaten
1 Kugel Mozzarella oder 150 g Räuchertofu
½ Bund Basilikum
20 g Pinienkerne
5 EL Feldsalatpesto (S. 98), plus gegebenenfalls etwas Öl
Pfeffer

Zubereitung

1. Linsennudeln in reichlich kochendem Salzwasser nach Packungsanleitung bissfest kochen. Selbst gemachte Linsennudeln 3–4 Minuten in reichlich kochendem Salzwasser kochen, wenn sie frisch gemacht sind. Wenn sie getrocknet sind, 5–6 Minuten in reichlich kochendem Salzwasser kochen. Linsennudeln anschließend durch ein Sieb abgießen, abschrecken, abtropfen und in einer Schüssel auskühlen lassen.

2. Kichererbsen durch ein Sieb abgießen und abtropfen lassen. Nektarinen waschen, halbieren, entsteinen und Hälften quer in feine Scheiben schneiden. Tomaten waschen, halbieren, den Strunk entfernen und Hälften ebenfalls in dünne Scheiben schneiden. Getrocknete Tomaten fein würfeln. Mozzarella trocken tupfen und klein würfeln. Basilikum waschen, trocken schütteln, Blättchen abzupfen und fein schneiden. Pinienkerne in einer Pfanne ohne Fettzugabe anrösten, bis sie zu duften beginnen.

3. Pesto zu den Nudeln geben, umrühren. Gegebenenfalls etwas Öl hinzugeben und alles mit Salz und Pfeffer würzen. Kichererbsen, Nektarinen, Tomaten, Mozzarella, Basilikum und Pinienkerne vorsichtig unterrühren. Ein paar Minuten ziehen lassen. Vor dem Servieren erneut abschmecken.

TIPP

Passt super zum Grillen und eignet sich wunderbar als Meal Prep.

Trauben-Minze-Salat mit Burrata

Kategorie: Sommer, glutenfrei, Low Carb

Menge: für 2 Portionen
Zubereitungszeit: 10 Min.
Nährwerte pro Portion: ca. 700 kcal, 3 g BS, 26 g E, 50 g F, 33 g KH

Zutaten

150 g helle Weintrauben
30 g Rosinen
½ Bund Minze
½ Bund Basilikum
½ Bund Dill
2 Bio-Limetten
4 EL Olivenöl
Meersalz
2 Burrata oder Büffelmozzarella

Zubereitung

1. Trauben waschen, von den Rispen zupfen, Trauben halbieren und in eine Schüssel geben. Rosinen hacken und zugeben. Kräuter waschen, trocken schütteln, Blättchen bzw. Spitzen abzupfen und fein schneiden. Kräuter in die Schüssel geben.

2. Limetten waschen, trocken reiben, Von einer Limette 1 TL Schale fein abreiben und Limetten auspressen. 3 EL Öl in die Schüssel gießen, Salat mit Limettensaft und -schale sowie Salz würzen.

3. Salat auf tiefen Tellern verteilen. Burrata darauf anrichten und mit restlichem Öl beträufeln.

TIPP

Als vegane Käsealternative zum Salat eignet sich Tempeh. Er wirkt positiv auf die Darmflora, weil die Bohnen fermentiert und ballaststoffreich sind.

SÜSSES

▶ Zum Löffeln

Indischer Möhrenpudding (Halwa Gadjar)

Kategorie: vegan

Menge: für 2 Portionen
Zubereitungszeit: 30 Min.
Nährwerte pro Portion: ca. 325 kcal, 8,5 g BS, 5 g E, 10 g F, 51 g KH

Zutaten

150 g Möhren
400 ml Pflanzendrink (z. B. Mandeldrink, S. 167)
6–8 Soft-Datteln, ohne Stein
3 EL Maisstärke
1 TL Vanillemark
1 TL Garam Masala oder Kardamom
2 EL Rosenwasser
20 g Pistazien

Zubereitung

1. Möhren schälen, putzen und klein würfeln. Möhren mit Pflanzendrink in einem Topf aufkochen und ca. 20 Minuten leise kochen lassen, bis die Möhren weich und die Flüssigkeit zur Hälfte eingekocht ist.

2. Soft-Datteln, Maisstärke, Vanillemark, Garam Masala, Rosenwasser zu dem Möhren-Mandel-Drink geben und alles fein pürieren. Pistazien hacken. Den Pudding abschmecken und mit Pistazien bestreuen.

TIPP

Wer kein Fan von Rosenwasser ist, kann stattdessen einfach Wasser verwenden.

Bohnen-Schoko-Pudding mit Erdnüssen

Kategorie: vegan, glutenfrei

Menge: für 2 Portionen
Zubereitungszeit: 10 Min.
Nährwerte pro Portion: ca. 280 kcal, 6 g BS, 10 g E, 15 g F, 27 g KH

Zutaten

Für den Pudding:

120 g schwarze Bohnen (aus der Dose)
½ TL Backkakao
40 ml Mandeldrink (S. 167)
40 g Erdnussbutter
2 EL Rohrohrzucker
1 Prise Meersalz

Für das Topping:

1 Banane
15 g Erdnusskerne

Zubereitung

1. Für den Pudding Bohnen in einem Sieb abgießen, abspülen und abtropfen lassen. Alle Zutaten in hohen Behälter geben und mit einem Mixer oder mit dem Pürierstab cremig mixen. Abschmecken.

2. Banane schälen und in dünne Scheiben schneiden. Erdnüsse hacken. Nach Belieben in einer Pfanne ohne Fettzugabe rösten, bis sie zu duften beginnen.

3. Pudding in zwei Schüsseln geben und mit Bananen und Nüssen garnieren.

Bounty-Joghurt mit Beeren

Kategorie: Sommer, vegan, Low Carb

Menge: für 2 Portionen
Zubereitungszeit: 10 Min.
Nährwerte pro Portion: ca. 300 kcal, 8,9 g BS, 5 g E, 22 g F, 20 g KH

Zutaten

150 g gemischte Beeren (z. B. Himbeeren, schwarze Johannisbeeren, Brombeeren)
20 g Zartbitterschokolade
300 g Kokosjoghurt
20 g Kokosraspeln

Zubereitung

1. Beeren waschen und verlesen. Schokolade hacken.

2. Joghurt mit Schokolade verrühren, auf Schalen verteilen und mit Beeren sowie Kokosraspeln garnieren.

Vollkorn-Palatschinken mit Feige und Vanilleeis

Kategorie: Sommer

Menge: für 2 Portionen
Zubereitungszeit: 25 Min.
Nährwerte pro Portion: ca. 400 kcal, 6,5 g BS, 14 g E, 18 g F, 45 g KH

Zutaten

Für die Palatschinken:

1 Ei
50 ml Pflanzendrink oder Milch
Salz
100 g Dinkelvollkornmehl
1 EL geschrotete Leinsamen
2–3 TL Pflanzenöl zum Ausbacken

Für das Topping:

2 Feigen
2 Prisen Rohrohrzucker
2 Prisen Zimt
2 EL Zitronensaft
2 Kugeln Vanilleeis oder 200 g Naturjoghurt

Zubereitung

1. Für die Palatschinken in einem Messbecher Ei und Pflanzendrink oder Milch verrühren, mit Salz würzen. Nach und nach Mehl und Leinsamen mit einem Schneebesen unterrühren und so lange weiterrühren, bis ein glatter und klümpchenfreier Teig entstanden ist.

2. 1 TL Öl in einer beschichteten Pfanne bei starker Hitze erhitzen. 1 Schöpfkelle Teig hineingeben, Pfanne schwenken, sodass sich der Teig verteilt. Palatschinken von beiden Seiten ca. 1 Minute ausbacken, aus der Pfanne nehmen, warm halten. Mit dem restlichen Teig ebenso verfahren.

3. Für das Topping Feigen waschen, putzen und in feine Scheiben schneiden. Palatschinken mit Zucker und Zimt bestreuen, mittig mit Feigenscheiben auslegen, Feigenscheiben mit etwas Zitronensaft beträufeln und Palatschinken einrollen. Nach Belieben mit Vanilleeis oder Naturjoghurt servieren.

TIPP

Das Feigentopping ist nur eine Inspiration. Ebenso ballaststoffreich und lecker sind Birnen, Äpfel, Beeren, Kiwi oder Apfelmus (siehe S. 144).

Vollkornkaiserschmarrn mit Apfelmus

Kategorie: Herbst

Menge: für 2 Portionen
Zubereitungszeit: 30 Min.
Nährwerte pro Portion: ca. 545 kcal, 6,5 g BS, 11 g E, 29 g F, 59 g KH

Zutaten

Für den Apfelmus:
- 3–4 Äpfel (500 g)
- 1 EL Rohrohrzucker
- 1 kleine Zimtstange

Für den Kaiserschmarrn:
- 2 Eier
- 100 g Dinkelvollkornmehl
- 25 g Buchweizenmehl
- 1 Prise Salz
- 250 ml Sojadrink oder Milch
- 60 ml Pflanzenöl
- 2 EL Rohrohrzucker

Zubereitung

1. Für das Apfelmus Äpfel schälen, putzen und ca. 2 cm klein würfeln. Zucker in einem Topf karamellisieren lassen. Sobald der Zucker zerläuft, Äpfel zugeben, verrühren und mit 60 ml Wasser ablöschen. Zimt zugeben und alles zugedeckt ca. 20 Minuten leise kochen lassen, bis die Äpfel weich sind. Zimtstange entfernen und Masse fein pürieren.

2. Inzwischen für den Kaiserschmarrn Eier trennen. Mehle und Salz in einer Schüssel vermischen. Eigelbe und Milch verquirlen und zum Mehl geben, unterrühren. Eiweiß mit den Quirlen des Handrührgeräts zu Eischnee schlagen und mit einem Teigspatel unter den Teig heben. 30 ml Öl ebenfalls einrühren.

3. 2 EL Öl in einer großen Pfanne erhitzen. Teig hineingeben, mit Zucker bestreuen. Teig bei mittlerer Hitze ca. 5–10 Minuten goldbraun ausbacken, mit Pfannenwendern zerkleinern, wenden und ebenfalls goldbraun backen.

4. Kaiserschmarrn mit Apfelmus auf zwei Teller anrichten.

Trockenfruchtkompott

Kategorie: Meal Prep, vegan

Menge: für 2 Portionen
Zubereitungszeit: 25 Min. + Einweichzeit über Nacht
Nährwerte pro Portion: ca. 215 kcal, 10 g BS, 4 g E, 1 g F, 45 g KH

Zutaten

200 g gemischtes Trockenobst (z. B. Feigen, Pflaumen, Aprikosen, Apfelringe)
½ Bio-Orange
1 kleine Zimtstange

Zubereitung

1. Am Vortag Trockenobst abspülen, in eine Schüssel geben, das Obst mit 500 ml Wasser bedecken und über Nacht einweichen lassen.
2. Am nächsten Tag Früchte mitsamt Einweichwasser in einen kleinen Topf geben. Orange waschen, trocken reiben, Von der Orange 2 Streifen Schale abschneiden, Orange auspressen. Orangensaft und -schale mit der Zimtstange in den Topf geben. Alles aufkochen und Früchte bei kleiner Hitze ca. 20 Minuten weich kochen.
3. Trockenfruchtkompott abkühlen lassen.

TIPP

Passt gut zu Joghurt oder Eis.

Chia-Tiramisu

Kategorie: vegan, Low Carb

Menge: für 2 Portionen
Zubereitungszeit: 15 Min. + 2 Std. Kühlzeit
Nährwerte pro Portion: ca. 220 kcal, 9,3 g BS, 7 g E, 13 g F, 13 g KH

Zutaten

200 g Mandeljoghurt
3 EL Chiasamen
1 TL Backkakao
3 TL Agavensirup
½ TL Instant-Kaffee
1 ½ TL Vanillepaste
1 EL Mandelmus

Zubereitung

1. Für die unterste Schicht ein Drittel des Mandeljoghurts, 1 EL Chiasamen, 1 TL Backkakao, 1 TL Agavensirup und Kaffee in einer Schüssel verrühren. Masse auf zwei Gläser verteilen.
2. Für die zweite Schicht ein Drittel des Mandeljoghurts, 1 EL Chiasamen, Vanillepaste und 1 TL Agavensirup verrühren und auf die Gläser oberhalb der ersten Schicht geben.
3. Für die letzte Schicht übrigen Mandeljoghurt, 1 EL Chiasamen, Mandelmus und 1 TL Agavensirup verrühren und als dritte Schicht auf die Gläser verteilen. Nach Belieben mit etwas Backkakao bestäuben.
4. Gläser mindestens 2 Stunden kalt stellen.

Süßer Wildreis mit Zimtbirne

Kategorie: vegan

Menge: für 2 Portionen
Zubereitungszeit: 45 Min.
Nährwerte pro Portion: ca. 395 kcal, 8 g BS, 12 g E, 8 g F, 70 g KH

Zutaten

125 g Wildreis
Salz
½ Vanilleschote
90 ml Kokosmilch
2 EL Rohrohrzucker
1 Birne
1–2 Prisen Zimt
20 g Nussmischung

Zubereitung

1. Reis nach Packungsanleitung in kochendem und ganz leicht gesalzenem Wasser garen. Wasser abgießen und Reis in dem Topf lassen.

2. Vanilleschote längs einritzen, Mark auskratzen. Vanillemark und -schote sowie Milch und Zucker zugeben und alles aufkochen, bis die Milch etwas eingekocht ist.

3. Birne waschen, putzen und klein würfeln. Birnenwürfel und Zimt unter den Reis rühren und bei kleiner bis mittlerer Hitze ca. 5 Minuten leise weiterkochen. Nüsse hacken. Reis abschmecken und mit Nüssen bestreuen.

TIPP

Neben der Birne schmeckt auch Banane super zu dem Milch-Wildreis.

▶ Zum Snacken

Fixe Hafer-Honig-Kekse

Kategorie: Meal Prep, glutenfrei

Menge: für 30 Stück
Zubereitungszeit: 25 Min.
Nährwerte pro Stück: ca. 55 kcal, 0,6 g BS, 1 g E, 3 g F, 5 g KH
Haltbarkeit: dunkel und luftdicht gelagert ca. 3 Monate

Zutaten

100 g weiche Margarine
2 TL Honig oder Sirup
100 g Hafermehl
150 g kernige Haferflocken
Fett für die Bleche (optional)

Zubereitung

1. Backofen auf 190 °C (Umluft) vorheizen. Zwei Backbleche dünn einfetten oder mit Backpapier belegen.

2. Margarine und Honig in einem kleinen Topf bei mittlerer Hitze langsam schmelzen lassen. Hafermehl und -flocken in einer Schüssel mischen. Margarine-Honig-Mischung zugeben und alles zu einer Paste verkneten.

3. Mit einem Teelöffel aus dem Teig Nocken abstechen und auf die Bleche verteilen. Jeweils etwas flach drücken und im heißen Ofen in ca. 12 Minuten goldbraun backen. Kekse auf einem Kuchengitter auskühlen lassen und in einer Dose luftdicht verschlossen aufbewahren.

Energiebällchen

Kategorie: Vorrat, vegan, glutenfrei

Menge: für 25 Stück
Zubereitungszeit: 10 Min.
Nährwerte pro Stück: ca. 85 kcal, 1,7 g BS, 3 g E, 5 g F, 7 g KH

Zutaten

Für die Energiebällchen:
1 Banane
200 g blütenzarte Haferflocken
3 Soft-Datteln, ohne Stein
100 g gemahlene Haselnüsse
100 g gemahlene Mandeln
2 EL Dattelsirup oder Honig
Pflanzendrink oder Milch (nach Bedarf)
Variationen zum Unterheben:
Kakaopulver, Zimt, Trockenfrüchte, gemahlene Nüsse, Kokosraspeln
Variationen zum Wälzen:
Sesam, Mohn, gehackte Nüsse, Rote-Bete-Pulver, Backkakao

Zubereitung

1. Banane schälen, zerdrücken und zusammen mit Haferflocken, Datteln, Nüssen, Mandeln und Sirup in einer Schüssel zu einem gut formbaren, nicht mehr klebrigen Teig verarbeiten (mit den Händen oder den Knethaken des Handrührgeräts). Soll der Teig fester werden, weitere Haferflocken zugeben, soll er geschmeidiger werden, esslöffelweise Pflanzendrink zugeben. Nach Belieben Kakaopulver, Zimt, Trockenfrüchte, Nüsse oder Kokosraspeln in den Teig einarbeiten.

2. Mit befeuchteten Händen walnussgroße Kugeln formen und Energiebällchen nach Belieben in Sesam, Mohn, Nüssen, Rote-Bete-Pulver oder Backkakao wälzen.

TIPPS

Die Bällchen können kurz im Ofen angebacken werden. So werden sie etwas fester und lassen sich besser transportieren.

Für dieses Rezept können auch überreife Bananen wunderbar verwertet werden.

Müsliriegel

Kategorie: Vorrat, vegan, glutenfrei, Low Carb

Menge: für rechteckige Backform (ca. 30 x 40 cm Größe)/10 Stück
Zubereitungszeit: 50 Min.
Nährwerte pro Stück: ca. 305 kcal, 4,8 g BS, 13 g E, 24 g F, 11 g KH
Haltbarkeit: dunkel und luftdicht gelagert ca. 2 Wochen

Zutaten

6 Soft-Datteln, ohne Stein
2 EL Mandelmus
2 EL Kokosöl
2 Prisen Vanilleextrakt
2 Prisen Salz
200 g Sonnenblumenkerne
100 g weißer Sesam
200 g Mandelkerne

Zubereitung

1. Backofen auf 180 °C (Umluft) vorheizen. Rechteckige Backform mit Backpapier auslegen.

2. Datteln, Mandelmus, Öl, 6 EL Wasser, Vanille und Salz in einen Messbecher geben und mit dem Pürierstab zu einer Paste mixen.

3. Sonnenblumenkerne, Sesam, Mandeln und vorbereitete Dattelpaste in einen Blitzhacker geben. Mit der Pulsfunktion zu einer groben, müsliartigen Mischung zerkleinern. Alternativ mit dem Pürierstab weiterarbeiten, bis die Masse klebrig ist. Masse in die Form füllen, gut festdrücken und am besten mit einem befeuchteten Löffel glatt streichen und andrücken.

4. Masse im heißen Ofen ca. 20 Minuten backen. Anschließend abkühlen lassen, aus der Form lösen und noch warm mit einem scharfen Messer vorsichtig in ca. 4 cm breite Riegel schneiden.

Hafersticks

Kategorie: Vorrat, vegan, glutenfrei

Menge: für 25 Stück
Zubereitungszeit: 30 Min.
Nährwerte pro Stück: ca. 55 kcal, 0,9 g BS, 1 g E, 3 g F, 7 g KH
Haltbarkeit: dunkel und luftdicht gelagert ca. 3 Monate

Zutaten

200 g mittelfein geschrotetes Hafermehl
75 g Hafermehl
1 TL Backpulver
50 g Pflanzenöl
Fett für die Bleche (optional)

Zubereitung

1. Backofen auf 190 °C (Umluft) vorheizen. Zwei Backbleche einfetten oder mit Backpapier belegen.

2. Trockene Zutaten in einer Schüssel mischen. Öl unter Rühren zugießen. Langsam unter weiterem Rühren mit den Knethaken des Handrührgeräts vorsichtig etwas kochendes Wasser zugießen, bis ein geschmeidiger und fester Teig entsteht. Teig auf eine bemehlte Arbeitsfläche geben, mit den Händen durchkneten und Teig ca. 5 mm dünn ausrollen.

3. Teig in ca. 10 cm lange und 2 cm breite Streifen schneiden, mit einer Palette vorsichtig auf die Bleche verteilen und im heißen Ofen 10–15 Minuten backen. Hafersticks auf einem Kuchengitter auskühlen lassen und anschließend in einer Dose luftdicht verschlossen aufbewahren.

Edamame

Kategorie: vegan, glutenfrei

Menge: für 4 Portionen
Zubereitungszeit: 15 Min.
Nährwerte pro Portion: ca. 310 kcal, 12,5 BS, 29 g E, 13 g F, 23 g KH

Zutaten

1 kg Edamame (Sojabohnen; Asia-Laden)
3 EL Meersalz
3 TL Sesamöl
2 TL Chiliflocken (optional)

Zubereitung

Reichlich Wasser in einem großen Topf aufkochen. Edamame darin bei mittlerer Hitze 5–6 Minuten kochen lassen. Kochwasser abgießen und Edamame in dem Topf lassen. Mit Sesamöl, Salz und nach Belieben mit Chiliflocken verrühren. Warm servieren.

TIPP

Edamame ist eine köstliche und gesunde Alternative zu Chips.

▶ Aus der Backstube

Bananenbrot

Kategorie: Meal Prep, vegan

Menge: für eine Kastenform (20 cm Länge)/
10 Scheiben
Zubereitungszeit: 10 Min. + 50 Min. Backzeit +
30 Min. Abkühlzeit
Nährwerte pro Scheibe: ca. 190 kcal, 3,2 g BS, 4 g E,
7 g F, 19 g KH

Zutaten

3 reife Bananen
100 ml Ahornsirup
4 EL Pflanzenfett (z. B. Kokosöl)
4 EL Pflanzendrink
1 EL Apfelessig
30 g Nusskerne (z. B. Walnüsse und Mandeln)
70 g blütenzarte Haferflocken
170 g Weizenvollkornmehl
1 ½ TL Backpulver
½ TL Zimt
1 Prise Salz
1 TL Ahornsirup zum Beträufeln
Fett für die Form (optional)

Zubereitung

1. Backofen auf 180 °C (Ober-/Unterhitze, 160 Grad Umluft) vorheizen. Eine Kastenform einfetten.

2. 2 Bananen schälen, in einer großen Schüssel mit einer Gabel zerdrücken. 100 ml Ahornsirup, Fett, Pflanzendrink und Apfelessig zugeben und mischen.

3. Nüsse zerkleinern und zusammen mit Haferflocken, Mehl, Backpulver, Zimt und Salz zur Bananenmasse in die Schüssel geben und gut verrühren, z. B. mit den Knethaken des Handrührgerätes. Teig in die Form füllen, glatt streichen. Übrige Banane schälen, längs in Scheiben schneiden, auf den Teig legen, leicht andrücken und mit 1 TL Ahornsirup beträufeln.

4. Brot im heißen Ofen ca. 30 Minuten backen. Backofentemperatur auf 150 °C reduzieren und 20 Minuten weiterbacken. Brot gegebenenfalls mit Backpapier abdecken, sodass es nicht zu dunkel wird. Brot aus dem Ofen nehmen, in der Form abkühlen lassen und nach ca. 30 Minuten aus der Form lösen. Schmeckt super mit etwas Butter bestrichen.

TIPP

Wer es gerne schokoladiger mag, kann Schokodrops mit einbacken. Nüsse können nach Belieben variiert werden.

Mohnkuchen

Kategorie: Winter

Menge: für ein Springform (26 cm Durchmesser)/ 14 Stücke
Zubereitungszeit: 10 Min. + 15 Min. Ziehzeit + 45 Min. Backzeit
Nährwerte pro Stück: ca. 280 kcal, 5,4 g BS, 8 g E, 17 g F, 26 g KH

Zutaten

500 ml Haferdrink oder Milch
250 g geriebener Mohn
120 g Margarine oder Butter
150 g Rohrohrzucker
½ TL Vanillemark
2 Eier
250 g Vollkorndinkelmehl
1 Pck. Backpulver
Fett für die Form (optional)

Zubereitung

1. Haferdrink oder Milch mit Mohn verrühren und ca. 15 Minuten ziehen lassen. Backofen auf 175 °C (Ober-/Unterhitze) vorheizen. Backform einfetten oder mit Backpapier auskleiden.

2. Inzwischen Margarine oder Butter, Zucker, Vanille, und Eier in einer Schüssel verrühren, z. B. mit den Knethaken des Handrührgeräts. Mohnmischung zugeben und unterrühren. Mehl und Backpulver über den Teig sieben und gründlich durchkneten.

3. Teig in die Form füllen und im heißen Ofen in ca. 45 Minuten goldbraun backen. Stäbchenprobe machen.

TIPP

Bei der Stäbchenprobe stichst du mit dem Zahnstocher in den Teig. Bleibt beim Herausziehen des Zahnstochers Teig daran kleben, ist der Kuchen noch nicht fertig gebacken.

Marokkanischer Dattel-Mandel-Kuchen

Kategorie: Herbst

Menge: für eine Kastenform (30 cm Länge)/
15 Stücke
Zubereitungszeit: 10 Min. + 40 Min. Backzeit
Nährwerte pro Stück: ca. 235 kcal, 2,7 g BS, 5 g E,
14 g F, 22 g KH

Zutaten

200 g Soft-Datteln, ohne Stein
100 g Nusskerne (z. B. Mandeln, Walnüsse)
2 Eier
100 g Akaziensirup oder Honig
100 weiche Margarine oder Butter
1 EL Rosenwasser
150 g Mehl
1 TL Backpulver
½ TL Zimt
Mandelblättchen zum Bestreuen (optional)
Fett für die Form (optional)

Zubereitung

1. Backofen auf 180 °C (Ober-/Unterhitze) vorheizen. Kastenform einfetten.

2. Datteln und Nüsse klein hacken und in eine Schüssel geben. Eier, Sirup oder Honig, Fett und Rosenwasser hinzufügen und mit den Knethaken des Handrührgeräts zu einem glatten Teig verkneten. Mehl und Backpulver über den Teig sieben und Zimt hinzufügen. Dein Teig gründlich durchkneten.

3. Teig in die Form füllen, mit Mandeln bestreuen und im heißen Ofen ca. 40 Minuten backen. Stäbchenprobe machen (siehe Tipp Seite 156).

TIPP

Schmeckt prima mit Bohnen-Schoko-Creme (S. 72) oder etwas (veganem) Frischkäse bestrichen.

Rüblikuchen mit Kumquats

Kategorie: Winter, vegan

Menge: für eine Springform (18 cm Durchmesser)/ 12 Stücke
Zubereitungszeit: 20 Min. + 40 Min. Backzeit + 60 Min. Abkühlzeit
Nährwerte pro Stück: ca. 325 kcal, 3,2 g BS, 7 g E, 23 g F, 22 g KH

Zutaten

Für den Rüblikuchen:
250 g Möhren
1 TL Backnatron
1 EL Apfelessig
100 g Dinkelvollkornmehl
170 g Mandelmehl
1 TL Backpulver
70 g Rohrohrzucker
2 TL Zimt
1 Prise Muskat
100 ml Pflanzenöl
50 ml Haferdrink
Fett für die Form (optional)
Für das Frosting:
200 g (veganer) Frischkäse
80 g Puderzucker
½ TL fein abgeriebene Bio-Zitronenschale
Für das Topping:
6 Kumquats
30 g Pistazienkerne

Zubereitung

1. Backofen auf 180 °C (Ober-/Unterhitze) vorheizen. Backform einfetten oder mit Backpapier auskleiden.
2. Möhren schälen und fein raspeln. Natron und Essig verrühren.
3. Mehle, Backpulver, Zucker, Zimt und Muskat in einer Schüssel mischen. Öl, Haferdrink und Natronmischung unter Rühren zugeben und zu einem glatten Teig verarbeiten, z. B. mit den Knethaken des Handrührgeräts.
4. Teig in die Form geben und im heißen Ofen ca. 40 Minuten backen. Stäbchenprobe machen (siehe Tipp Seite 156). Anschließend vollständig Kuchen auskühlen lassen.
5. Für das Frosting alle Zutaten mit den Quirlen des Handrührgerätes gründlich verrühren.
6. Für das Topping Kumquats waschen und in dünne Scheiben schneiden. Pistazien hacken.
7. Vor dem Servieren ausgekühlten Kuchen mit Frosting bestreichen und mit Kumquats und Pistazien dekorieren.

Nusszopf

Kategorie: Sommer

Menge: für 20 Stücke
Zubereitungszeit: 30 Min. + 40 Min. Backzeit + 90 Min. Gehzeit
Nährwerte pro Stück: ca. 315 kcal, 4,3 g BS, 8 g E, 20 g F, 27 g KH

Zutaten

Für den Teig:
- 200 ml Pflanzendrink oder Milch
- 1 Würfel frische Hefe
- 80 g Rohrohrzucker
- ½ TL Vanillemark
- 50 ml Pflanzenöl
- 1 Ei
- 500 g Dinkelvollkornmehl

Für die Füllung:
- 100 g Rohrohzucker
- 120 ml Orangensaft
- 500 g gemischte gemahlene Nüsse (z. B. Haselnüsse, Walnüsse, Paranüsse)
- 3 TL fein abgeriebene Bio-Zitronenschale
- 1 TL Zimt

Für die Glasur (optional):
- 2 EL Pflanzendrink oder Milch
- 100 g Puderzucker

Zubereitung

1. Für den Teig 200 ml Pflanzendrink oder Milch gegebenenfalls erwärmen und in eine Schüssel gießen. Hefe hineinbröckeln. Zucker und Vanille zugeben und alles unter Rühren auflösen. Öl und Ei unterrühren. Mehl sieben und dazugeben. Teig mindestens 10 Minuten mit den Knethaken des Handrührgeräts kneten, bis er geschmeidig ist und nicht mehr klebt. Teig zugedeckt an einem warmen Ort ca. 1 Stunde gehen lassen, bis sich sein Volumen verdoppelt hat.

2. Für die Füllung in einer Schüssel Zucker unter Rühren in Orangensaft auflösen. Übrige Zutaten zugeben und alles gründlich zu einem glatten Teig vermengen.

3. Teig halbieren, jeweils zu Rechtecken ausrollen und mit der Füllung bestreichen. Rechtecke jeweils von der langen Seite her zu Strängen aufrollen. Leicht andrücken. Teigstränge jeweils längs mittig halbieren, sodass insgesamt vier offene Stränge entstehen. Entweder einen vierstrangigen Zopf oder zwei zweistrangige Zöpfe flechten (Anleitung z. B. bei YouTube). Zugedeckt erneut 30 Minuten gehen lassen.

4. In der Zwischenzeit Backofen auf 170 °C (Ober-/Unterhitze) vorheizen. Zöpfe auf ein mit Backpapier belegtes Blech legen und im heißen Ofen 30–40 Minuten goldbraun backen.

5. Nach Belieben 2 EL Pflanzendrink und Puderzucker verrühren und warmen Zopf damit glasieren.

Vollkorn-Brombeer-Crumble

Kategorie: Herbst

Menge: für eine kleine Auflaufform (28 x 22 cm)/ 2 Portionen
Zubereitungszeit: 20 Min. + 25 Min. Backzeit
Nährwerte pro Portion: ca. 555 kcal, 12 g BS, 8 g E, 32 g F, 78 g KH

Zutaten

60 g Rohrohrzucker
75 g Weizenvollkornmehl
Salz
60 g Margarine oder Butter
200 g Brombeeren
100 g Erdbeeren
fein abgeriebene Schale von 1 Bio-Orange
2 EL gehackte Nüsse zum Bestreuen

Zubereitung

1. Backofen bei 200 °C (Ober-/Unterhitze, Umluft 180 °C) vorheizen.

2. Zucker, Mehl und 1 Prise Salz in einer Schüssel mischen. Margarine in Stücken zugeben und mit den Knethaken des Handrührgerätes oder den Fingern unterkneten, bis erbsengroße Streusel entstehen.

3. Beeren waschen, mit Orangenschale und 2 TL Zucker mischen und in eine kleine Auflaufform geben. Streusel darüber verteilen und im heißen Ofen 25 Minuten goldbraun backen.

4. Mit Nüssen bestreut servieren.

Gebackene Holunderblüten

Kategorie: Sommer

Menge: für 4 Portionen
Zubereitungszeit: 20 Min.
Nährwerte pro Portion: ca. 430 kcal, 5 g BS, 10 g E, 28 g F, 70 g KH

Zutaten

60 g Butter
200 g Weizenvollkornmehl
1 Prise Salz
220 ml Mineralwasser mit Kohlensäure
2 Eier
1 EL Rohrohrzucker
½ TL Vanillezucker
16 Holunderblüten
200 ml neutrales Pflanzenöl zum Ausbacken
3 EL Puderzucker

Zubereitung

1. Butter in einem Topf langsam schmelzen lassen. In einer Schüssel Mehl, Salz und Mineralwasser mit dem Schneebesen glatt rühren.

2. Eier trennen, Eigelbe abwechselnd mit der geschmolzenen Butter unter Rühren zum Mehlteig geben. Eiweiß mit den Quirlen des Handrührgeräts zu Eischnee schlagen, dabei langsam Zucker und Vanillezucker einrieseln lassen. Eischnee vorsichtig mit dem Schneebesen unter den Teig heben.

3. Holunderblüten nicht waschen, nur putzen und verlesen. Öl in einem Topf erhitzen. Das Öl ist heiß genug, wenn an einem Holzlöffelstiel, den du ins Öl hineinhältst, Bläschen aufsteigen.

4. Holunderblüten am Stiel festhalten, in den Teig tunken und mit dem Stiel nach oben ins heiße Fett geben. Ausbacken, bis der Teig goldbraun ist. Dann die Holunderblüten mit einer Schöpfkelle herausnehmen und auf Küchenpapier abtropfen lassen. Nach Belieben mit Puderzucker bestäuben.

TIPP

Zwar nicht aus dem Ofen, aber zum Kaffee mindestens genauso entzückend und sogar noch schneller gemacht als Kuchen. Eine österreichische Leibspeise.

Zucchinikuchen mit Paranüssen

Kategorie: vegan

Menge: für eine Kuchenform (z. B. Gugelhupf oder Kastenform mit 30 cm Länge)/12 Stücke
Zubereitungszeit: 15 Min. + 55 Min. Backzeit
Nährwerte pro Stück: ca. 240 kcal, 5,8 g BS, 6 g E, 11 g F, 29 g KH

Zutaten

4 Zucchini (ca. 600 g)
1 reife Banane
50 g Paranusskerne
100 g Rohrohrzucker
250 g Weizenvollkornmehl
100 g Haferflocken
1 TL Natron
2 TL Backpulver
1 TL Zimt
2 EL Backkakao
50 g gemahlene Leinsamen
60 ml Pflanzenöl
1–2 EL Pflanzendrink (bei Bedarf)
Fett für die Form (optional)

Zubereitung

1. Backofen auf 210 °C (Ober/Unterhitze, 190 °C Umluft) vorheizen. Kuchenform einfetten.

2. Zucchini waschen, putzen und fein raspeln. Banane schälen. Paranüsse klein hacken.

3. Alle trockenen Zutaten in einer Schüssel mischen. Zucchiniraspel hinzugeben, Banane zerdrücken und hinzugeben. Öl zugießen und alles mit den Knethaken des Handrührgeräts zu einem zähflüssigen Teig kneten. Ist der Teig zu fest, dann etwas Pflanzendrink zu dem Teig geben.

4. Teig in die Form füllen und im heißen Ofen ca. 55 Minuten backen.

TIPP

Mit Erdnussbutter bestrichen ist der Kuchen ein Traum.

Quitten-Rahm-Kuchen

Kategorie: Herbst

Menge: für eine Springform (26 cm Durchmesser)/ 12–14 Stücke
Zubereitungszeit: 30 Min. + 70 Min. Backzeit
Nährwerte pro Stück (bei 14): ca. 255 kcal, 5,9 g BS, 5 g E, 16 g F, 22 g KH

Zutaten

Für den Teig:
250 g Weizenvollkornmehl
30 g Rohrohrzucker
125 g eiskalte Butter, in Stücken
1 Ei
1 Prise Salz
Für den Belag:
1 kg Quitten
Für den Guss:
2 Eier
50 g Rohrohrzucker
1 Msp. Vanillemark
1 Msp. Zimt
1 Becher Crème fraîche (200 g)
100 ml Sahne
Fett für die Form (optional)

Zubereitung

1. Backofen auf 180 °C (Ober-/Unterhitze) vorheizen. Springform einfetten oder mit Backpapier auskleiden.

2. Für den Teig Mehl, Zucker, Butter, 1 EL eiskaltes Wasser, Ei und Salz mit den Knethaken des Handrührgeräts zu einem Teig verkneten und abgedeckt kalt stellen.

3. Indes für den Belag Quitten schälen, putzen, entkernen und in schmale Spalten schneiden.

4. Teig auf einer bemehlten Arbeitsfläche rund (ca. 32 cm Durchmesser) ausrollen, in die Form geben und leicht andrücken, dabei einen Rand hochziehen. Teig mit der Gabel mehrmals einstechen. Boden mit Quitten belegen und Kuchen im heißen Ofen ca. 30 Minuten vorbacken. Ofen im Anschluss nicht ausschalten.

5. Inzwischen für den Guss Eier, Zucker, Vanille und Zimt mit den Quirlen des Handrührgerätes schaumig rühren, Crème fraîche und Sahne unterrühren. Creme auf den vorgebackenen Quittenkuchen gießen und im heißen Ofen 35–40 Minuten weiterbacken. Abkühlen lassen.

Pflaumen-Haselnuss-Kuchen

Kategorie: Sommer

Menge: für eine Springform (26 cm Durchmesser)/ 12 Stücke
Zubereitungszeit: 15 Min. + 40 Min. Backzeit
Nährwerte pro Stück: ca. 230 kcal, 2,2 g BS, 5 g E, 16 g F, 18 g KH

Zutaten

- 125 g Margarine
- 100 g Rohrohzucker
- 1 Msp. Vanillemark
- 1 Prise Salz
- 3 Eier
- 100 g Weizenvollkornmehl
- 100 g gemahlene Haselnüsse
- 500 g Pflaumen
- Fett für die Form (optional)

Zubereitung

1. Backofen auf 180 °C (Ober-/Unterhitze) vorheizen. Springform einfetten.

2. Margarine, Zucker, Vanille und Salz mit den Quirlen des Handrührgeräts geschmeidig rühren. Nach und nach Eier zugeben und alles schaumig rühren.

3. Mehl und Haselnüsse mischen und esslöffelweise unter Rühren mit den Knethaken des Handrührgerätes unter den Teig heben, bis der Teig zäh ist. Bei Bedarf etwas Wasser zugeben. Teig in die Form füllen.

4. Pflaumen waschen, halbieren, entsteinen, in Spalten schneiden und auf den Teig legen. Kuchen im heißen Ofen ca. 40 Minuten backen. Stäbchenprobe machen.

GRUNDREZEPTE

Lein-Ei – ballaststoffreiche vegane Eialternative

Kategorie: vegan

Menge: für 1 Stück
Zubereitungszeit: 5 Min.
Nährwerte pro Stück: ca. 45 kcal, 4 g BS, 3 g E, 4 g F, 0 g KH

Zutaten

1 EL geschrotete Leinsamen
3 EL heißes Wasser

Zubereitung

Leinsamen mit Wasser in einer kleinen Schüssel verrühren und 5 Minuten ziehen lassen, bis die Masse beginnt anzudicken.

INFO

Aufgrund seiner geschmacksneutralen und bindenden Fähigkeit eignet sich das Lein-Ei wunderbar zum Backen und auch zum Binden von Saucen.

Mandeldrink

Kategorie: Vorrat, vegan

Menge: für 1 l
Zubereitungszeit: 15 Min. + mindestens 12 Std. Einweichzeit (am besten über Nacht)
Nährwerte pro 100 ml: ca. 40 kcal, 0,8 g BS, 2 g E, 4 g F, 0 g KH
Haltbarkeit: kühl gelagert ca. 4 Tage

Zutaten

200 g Mandelkerne ohne Haut
1 Nussmilchbeutel zum Passieren

Zubereitung

1. Mandeln über Nacht (mindestens 12 Stunden) in kaltem Wasser einweichen.
2. Am nächsten Tag Mandeln durch ein Sieb abgießen. Mandeln in einem Mixer oder mit dem Pürierstab fein mixen. Das entstandene Mandelmus mit 700–1.000 ml Wasser aufgießen und gut mixen.
3. Nun die Masse durch ein Sieb oder ein feines Tuch (z. B. Nussmilchbeutel) passieren und in sauber ausgespülte Flaschen abfüllen.

TIPPS

Der Mandeldrink kann nach Belieben gewürzt werden, z. B. mit Zucker, Kardamom, Zimt oder Kurkuma.

Übriggebliebenes Mandelmus kräftig würzen und als Brotaufstrich weiterverwenden.

Linsennudeln selbst gemacht

Kategorie: Vorrat, vegan, glutenfrei

Menge: für 4 Portionen
Zubereitungszeit: 40 Min. + 30 Min. Ruhezeit
Nährwerte pro Portion: ca. 260 kcal, 5,8 g BS, 18 g E, 4 g F, 38 g KH
Haltbarkeit: getrocknet und luftdicht sowie trocken gelagert ca. 3 Monate

Zutaten

300 g Linsenmehl (oder Linsen fein mahlen)
1–2 EL Pflanzenöl
1 TL Salz
½ TL Gewürze nach Wahl (z. B. Paprikapulver, Chili, Kurkuma, Muskat)
Linsenmehl zum Arbeiten

Zubereitung

1. Alle trockenen Zutaten in einer Schüssel vermischen. Eine Mulde formen, 75 ml Wasser und Öl hineingeben und mit Mehl vom Rand bedecken. Alles mit den Knethaken des Handrührgeräts in ca. 15 Minuten zu einem geschmeidigen Teig verkneten, der nicht mehr klebt. Bei Bedarf noch etwas Wasser oder Mehl einkneten. Teig zu einer Kugel formen und gut abgedeckt 30 Minuten ruhen lassen.

2. Teig vierteln, Teigviertel nach und nach bearbeiten und übrige Portionen abdecken, damit sie nicht austrocknen. Teigviertel auf einer mit Linsenmehl bestäubten Arbeitsfläche zu einem Rechteck ca. 2 mm dünn ausrollen. Teig bemehlen, locker und vorsichtig einrollen und Rolle quer in ca. 5–10 mm breite Streifen schneiden, sodass Bandnudeln entstehen. Alternativ eine Nudelmaschine verwenden. Streifen entrollen. Ebenso mit den übrigen Teigportionen verfahren.

3. Zum Aufbewahren Nudeln z. B. auf Wäscheleinen oder auf Küchentüchern ausgebreitet trocknen lassen und anschließend luftdicht lagern. Zum Sofortkochen Nudeln in reichlich kochendem Salzwasser 3–4 Minuten bissfest garen. Sind die Nudeln getrocknet, beträgt die Kochzeit 5–6 Minuten.

Basic Vollkornflammkuchen

Kategorie: vegan

Menge: für 2 Portionen
Zubereitungszeit: 20 Min. + 20 Min. Ruhezeit + 15 Min. Backzeit
Nährwerte pro Portion: ca. 645 kcal, 12,5 g BS, 10 g E, 21 g F, 96 g KH

Zutaten

300 g Dinkelvollkornmehl
3 EL Olivenöl
1 TL Salz
150 ml Mineralwasser mit Kohlensäure

Zubereitung

1. Alle Zutaten in einer Schüssel mit den Knethaken des Handrührgeräts in 5–10 Minuten zu einem glatten Teig verkneten. Teig halbieren und abgedeckt ca. 20 Minuten im Kühlschrank ruhen lassen.

2. Backofen auf 230 °C (Umluft) vorheizen.

3. Teigportionen auf einer bemehlten Arbeitsfläche jeweils ca. 3 mm dick ausrollen. Flammkuchen nach Belieben belegen und nacheinander im heißen Ofen ca. 15 Minuten backen.

Polentasticks

Kategorie: glutenfrei

Menge: für 4–6 Portionen
Zubereitungszeit: 35 Min.
Nährwerte pro Portion: ca. 405 kcal, 5 g BS, 8 g E, 17 g F, 54 g KH

Zutaten

1 l fettarme Milch oder Pflanzendrink
2 EL Sesamöl
200 g Polenta (Maisgrieß)
2 EL heller Sesam
Salz
2–3 EL Olivenöl

Zubereitung

1. Milch und Sesamöl in einem Topf aufkochen lassen. Polenta unter Rühren einrieseln lassen, Sesam zugeben. Die Mischung einige Minuten unter ständigem Rühren leise kochen lassen und mit Salz würzen.

2. Eine flache Form mit Frischhaltefolie auslegen. Den Maisbrei darauf verteilen, ca. 1 cm dick ausstreichen und auskühlen lassen.

3. Backofen auf 180 °C (Umluft) vorheizen. Backblech mit Backpapier auslegen. Maisbrei in Stickform schneiden, Sticks rundherum mit Öl bepinseln und im heißen Ofen in ca. 20 Minuten goldbraun backen, nach der Hälfte der Backzeit einmal wenden.

Basic Vollkornpizza

Kategorie: vegan

Menge: Für 4 Portionen
Zubereitungszeit: 25 Min. + 2 Stunden Gehzeit
Nährwerte pro Portion: ca. 370 kcal, 7,5 g BS, 12 g E, 11 g F, 56 g KH

Zutaten

- 2–4 EL Olivenöl
- 350 g Dinkelvollkornmehl
- 1 Pck. Trockenhefe
- 1 Prise Zucker
- 1 TL Salz

Zubereitung

1. 2 EL Öl Mehl, 180 ml lauwarmes Wasser, Hefe, Zucker und Salz in einer Schüssel vermischen und 5–10 Minuten kneten, entweder mit den Händen oder mit den Knethaken des Handrührgeräts. Teig zu einer Kugel formen, mit dem restlichen Olivenöl benetzen und abgedeckt an einem warmen Ort 1–2 Stunden gehen lassen, bis sich sein Volumen verdoppelt hat.

2. Backofen auf 250 °C (Ober-/Unterhitze) vorheizen, am besten Pizzastein am Ofenboden mitheizen oder Backblech am Ofenboden mit vorheizen.

3. Teig noch einmal mit den Händen durchkneten, vierteln und abgedeckt weitere 20 Minuten gehen lassen. Teig vierteln, Portionen ausrollen oder mit den Händen auseinanderziehen und so dünne Pizzafladen formen.

4. Pizza nach Belieben belegen und im heißen Ofen unter Beobachtung backen: auf dem Pizzastein 5–10 Minuten, auf einem Backblech 10–20 Minuten. Mit Olivenöl benetzen.

TOPPINGS

Tropischer Crunch

Kategorie: Vorrat, vegan, glutenfrei

Menge: für 1 Glas (100 ml)
Zubereitungszeit: 5 Min.
Nährwerte pro TL (5 g): ca. 25 kcal, 0,6 g BS, 1 g E, 1 g F, 4 g KH
Haltbarkeit: trocken und dunkel aufbewahrt ca. 1 Woche

Zutaten

- 20 g Kokoschips
- 20 g gefriergetrocknete Ananas
- 1 EL Pflanzenöl
- 40 g kernige Haferflocken
- 20 g gekeimter Buchweizen
- 2–4 EL Sirup

Zubereitung

Nach Belieben Kokoschips und Ananas hacken. Öl in einer Pfanne erhitzen. Alle Zutaten darin bei mittlerer bis starker Hitze unter Rühren goldgelb rösten. Masse auf einem Blech ausbreiten und abkühlen lassen. Crunch auseinanderbrechen und in einem Schraubglas aufbewahren.

INFO

Der Crunch schmeckt auf Brei, Quark oder Eis – auch toll auf Obstsalat oder Kokosjoghurt.

Startkraft Topping

Kategorie: Vorrat, vegan, glutenfrei

Menge: für 1 Glas (100 ml)
Zubereitungszeit: 5 Min.
Nährwerte pro TL (5 g): ca. 15 kcal, 1,3 g BS, 1 g E, 1 g F, 1 g KH
Haltbarkeit: trocken und dunkel gelagert ca. 3 Monate

Zutaten

- 20 g Pinienkerne
- 20 g gekeimte Sonnenblumenkerne
- 20 g gekeimte Brokkolisamen
- 20 g geschrotete Leinsamen
- 20 g Flohsamenschalen

Zubereitung

Pinienkerne und Sonnenblumenkerne in einer Pfanne ohne Fettzugabe rösten, bis sie duften. Kerne abkühlen lassen. Kerne mit den restlichen Zutaten mischen und in ein Schraubglas füllen.

INFO

Das Topping schmeckt auf Salat, Joghurt, Suppen (z. B. auf Brokkolisuppe, s. Seite 84) und Saucen.

Mediterrane Brösel

Kategorie: Vorrat, vegan

Menge: für 1 Glas (150 ml)
Zubereitungszeit: 10 Min.
Nährwerte pro TL (5 g): ca. 20 kcal, 0,3 g BS, 0 g E, 1 g F, 1 g KH
Haltbarkeit: trocken und dunkel gelagert ca. 3 Tage

Zutaten

80 g Pumpernickel
4 EL Olivenöl
Salz, Pfeffer (optional)
5 schwarze Oliven, entsteint
5 getrocknete Tomaten
1 TL getrockneter Thymian

Zubereitung

Pumpernickel klein würfeln. Öl in einer Pfanne erhitzen und Pumpernickel darin knusprig rösten. Nach Belieben salzen und pfeffern. Pumpernickel abkühlen lassen. Oliven und Tomaten klein würfeln. Alle Zutaten mischen und in ein Schraubglas abfüllen.

INFO

Die Brösel schmecken auf Pasta, Suppe oder Bowls, z. B. auf der griechischen Bowl (siehe Seite 79).

Zitronen-Kurkuma-Brösel

Kategorie: Vorrat, vegan, glutenfrei

Menge: für 1 Glas (150 ml)
Zubereitungszeit: 10 Min.
Nährwerte pro TL (5 g): ca. 25 kcal, 0,3 g BS, 1 g E, 2 g F, 2 g KH
Haltbarkeit: trocken und dunkel gelagert ca. 3 Wochen

Zutaten

20 g Walnusskerne
20 g Kürbiskerne
2–3 EL Pflanzenöl
50 g Haferflocken
2–4 EL Sirup
abgeriebene Schale von 2 Bio-Zitronen
1 TL Kurkuma
½ TL Ingwerpulver

Zubereitung

Walnüsse und Kürbiskerne hacken. Öl in einer Pfanne erhitzen. Alle Zutaten darin unter Rühren anrösten. Brösel abkühlen lassen und in ein Schraubglas abfüllen.

INFO

Diese Brösel schmecken auf Joghurt, Quark, Bowls, Eiscreme oder Obstsalat.

Asiatische Brösel

Kategorie: Vorrat, vegan, glutenfrei

Menge: für 1 Glas (100 ml)
Zubereitungszeit: 5 Min.
Nährwerte pro TL (5 g): ca. 30 kcal, 1 g BS, 1 g E, 2 g F, 1 g KH
Haltbarkeit: trocken und dunkel gelagert ca. 3 Monate

Zutaten

20 g Walnusskerne
40 g Chiasamen
20 g Sesamsaat
20 g Sonnenblumenkerne
2 TL Currypulver
1 TL Chilipulver

Zubereitung

Walnüsse klein hacken und mit den übrigen Zutaten mischen. Alle Zutaten in ein Schraubglas abfüllen.

INFO

Die Brösel schmecken auf Joghurt, Quark, Bowls oder Curry.

Quellen

(1) Hans Konrad Biesalski, Peter Grimm, Susanne Nowitzki-Grimm, „Taschenatlas Ernährung“. 8. Auflage. Thieme, 2020

(2) Prof. Dr. Ibrahim Elmadfa, Dr. Alexa Leonie Meyer, „Vielkönner Ballaststoffe. Fitter Darm, starkes Immunsystem, Topfigur“. GU, 2018

(3) DGE Pressemitteilung 6/2012. 31. Juli, „Mehr Ballaststoffe bitte! Ballaststoffzufuhr lässt sich im Alltag steigern“

(4) Prof. Dr. med. Dr. P.H. Walter C. Willett, Patrick J. Skerrett, „Harvard Medical School Guide. gesunde Ernährung. Einfach und praktisch: erstklassige Wissenschaft für Ihre tägliche Ernährung“. TRIAS, 2022

(5) Park, Y., et al., „Dietary Fiber Intake and Risk of Colorectal Cancer: A Pooled Analysis of Prospective Longitudinal Cohort Studies.” JAMA 294 (2005). 2849–2857.

(6) Hunkel, Sarina. „Essgewohnheiten ändern in 40 Tagen“. Trias, 2019

Bas Kast, „Der Ernährungskompass. Das Fazit aller wissenschaftlichen Studien zum Thema Ernährung“. C. Bertelsmann Verlag, 2018

Rezeptregister

Empfehlen und gewinnen!

Hat dir dieses Buch gefallen?

Dann empfiehl es bitte weiter und schreib eine aussagekräftige Bewertung in einem Buch-Shop deiner Wahl, auf deinem Blog oder in den Sozialen Medien. Aus der Bewertung sollte hervorgehen, was dir an dem Buch gefallen hat und für wen es besonders geeignet ist.

Als Dankeschön verlosen wir jeden Monat unter allen, die mitmachen, fünf humboldt-Ratgeber – mit etwas Glück bist auch du mit deinem Wunschtitel dabei.

Um an der Verlosung teilzunehmen, schick uns einfach den Link zu deiner Buchbewertung sowie deinen Wunschtitel aus unserem Programm an: presse@humboldt.de.

humboldt
...bringt es auf den Punkt.

Bibliografische Information der Deutschen Nationalbibliothek
Die Deutsche Nationalbibliothek verzeichnet diese Publikation in der deutschen Nationalbibliografie; detaillierte bibliografische Daten sind im Internet über http://dnb.ddb.de/ abrufbar.

ISBN 978-3-8426-3136-6 (Print)
ISBN 978-3-8426-3137-3 (PDF)
ISBN 978-3-8426-3138-0 (EPUB)

Abbildungen:
Titelmotiv: healthylaura.com – stock.adobe.com
Stock.adobe.com: losangela: 2/3; Maksim Shebeko: 4/5; Natalia Klenova: 6/7; artinspiring: 18; mything: 18; reineg: 20; ricka_kinamoto: 40/41; ekatherina: 45; irina: 49; Heike Rau: 51; Dmytro Ples: 53; Olga Zarytska: 55; Elena: 59; weedezign: 61; soultkd: 63; nata_zhekova: 65; Christina: 67; Brent Hofacker: 69; Elenglush: 73; tadeas: 83; nblxer: 85; foodolia: 87; Яна Бутик: 93; smirart: 99; annata78: 105; jchizhe: 107; losangela: 111; Pixel-Shot: 115; exclusive-design : 117; faithie: 119; Nelea Reazanteva: 121; vaaseenaa: 127; Anjelika Gretskaia: 129; zoryanchik: 133; Natalia Hanin: 135; StockImageFactory: 141; Alexandr Milodan: 149; Maksim Shebeko: 151; Brent Hofacker: 153; yuliiaholovchenko: 155; zi3000: 161; eflstudioart: 163; Alexandr Milodan: 184

Originalausgabe

Die Ratgebermarke der Schlüterschen Fachmedien GmbH
Hans-Böckler-Allee 7, 30173 Hannover
www.humboldt.de
www.schluetersche.de

Aus Gründen der besseren Lesbarkeit wurde in diesem Buch häufiger die männliche Form gewählt, nichtsdestoweniger beziehen sich Personenbezeichnungen gleichermaßen auf Angehörige des männlichen und weiblichen Geschlechts sowie auf Menschen, die sich keinem Geschlecht zugehörig fühlen.
Autorin und Verlag haben dieses Buch sorgfältig erstellt und geprüft. Für eventuelle Fehler kann dennoch keine Gewähr übernommen werden. Weder Autorin noch Verlag können für eventuelle Nachteile oder Schäden, die aus in diesem Buch vorgestellten Erfahrungen, Meinungen, Studien, Therapien, Medikamenten, Methoden und praktischen Hinweisen resultieren, eine Haftung übernehmen. Insgesamt bieten alle vorgestellten Inhalte und Anregungen keinen Ersatz für eine medizinische Beratung, Betreuung und Behandlung.
Etwaige geschützte Warennamen (Warenzeichen) werden nicht besonders kenntlich gemacht. Daraus kann nicht geschlossen werden, dass es sich um freie Warennamen handelt.

Lektorat: Annette Gillich-Beltz, Essen
Layout: Groothuis, Lohfert, Consorten, Hamburg
Covergestaltung: Zero München
Satz: Die Feder, Konzeption vor dem Druck GmbH, Wetzlar
Druck und Bindung: Gutenberg Beuys Feindruckerei GmbH, Langenhagen